JIANGHUAI
YUYANXUE

曾良　主编

江淮語言學

甲辰黄德宽题

第二辑

广陵书社

图书在版编目（ＣＩＰ）数据

江淮语言学. 第二辑 / 曾良主编. -- 扬州 ：广陵
书社，2025.4
ISBN 978-7-5554-2227-3

Ⅰ. ①江… Ⅱ. ①曾… Ⅲ. ①江淮方言－语言学
Ⅳ. ①H172.4

中国国家版本馆CIP数据核字(2024)第012125号

书　　名	江淮语言学(第二辑)	
主　　编	曾　良	
责任编辑	王浩宇	
出版发行	广陵书社	
	扬州市四望亭路 2-4 号	邮编　225001
	(0514) 85228081 (总编办)	85228088 (发行部)
	http://www.yzglpub.com	E-mail:yzglss@163.com
印　　刷	无锡市海得印务有限公司	
装　　订	无锡市西新印刷有限公司	
开　　本	787 毫米 × 1092 毫米　1/16	
印　　张	12	
字　　数	205 千字	
版　　次	2025 年 4 月第 1 版	
印　　次	2025 年 4 月第 1 次印刷	
标准书号	ISBN 978-7-5554-2227-3	
定　　价	80.00 元	

目 录

/ 语法 /

古籍字词的形音义札记*

曾 良

摘 要 阅读和研究古籍,就避免不了要与文字打交道。古籍中有俗字与正字,有俗音与正音,有雅言和俗语词,必须多角度考虑古籍中的语义以及字词对应问题。古籍文献中有大量俗写,往往影响词音或词义方面的理解。本文以古籍中"齺""嬲/娆/挠/蒿""馁""妖冶""𢖻"等为例,词音方面有正音和俗音,某一读音对应的字词关系,在古籍中存在一词对应多个字形的情况;还有一字记录多词等问题。本文的宗旨意在强调汉语历史词汇研究中应注意字形与词音、词义的关系。

关键词 字词;音义;考释;字用

研究汉语史必须依靠古籍文献,文献不仅是单一的官话文献。研究汉语史必须注意通语与方俗语、正字与俗字、正音与俗音的问题。各种因素在汉语史中互相影响。此外,各个时期的文字使用分工也值得关注。

1.齺/挝

"齺"或作"齺",《汉语大字典》只有齿不正、齿不齐的意思。如《龙龛手镜·齿部》:"齺,或作;齺,正:~齘,齿不正也。"

按:"齺"也是"挝"的俗写。《碛砂藏》本唐玄奘译《大般若波罗蜜多经》卷五十三:"死经一日或经二日乃至七日,为诸雕鹫、乌鹊鸥枭、虎豹狐狼、野干狗等,种种禽兽,或啄或䶩,骨肉狼籍,齺掣食啖。"(2/178/b)①卷末随函《音义》:"齺掣:上助加反,又侧加反;下昌列反。以牙齿䶲啮也。"(2/190/

---

* 基金项目:国家社科基金重大项目"宋元明清文献字用研究"(19ZDA315)的阶段性成果。

① 本文引用的各种大藏经,均于文后标明册数、页码和栏号。

b）此经"齹掣"的用法前后共出现 3 次，又卷四百八十九末随函《音义》："齹掣：上助加反，下昌列反。以牙齹啮也。上又侧加反，牙齿不齐也，非此用；或误作'齟'，床楚反，～，嚼也，亦非此用。"（10/477/b）《高丽藏》本《可洪音义》卷一释此经曰："齹掣：上侧加反；下昌世、昌列二反。兽争食皃也。"（62/250/b）慧琳《一切经音义》卷二释《大般若波罗蜜多经》曰："摣掣：上俎（侧）加反，《广雅》云：樝（摣），取也。《释名》云：摣，叉也。五指俱往叉取也。或作𪙊，《说文》亦作挓，从手虏声。虏音昨何反。"①《碛砂藏》本姚秦鸠摩罗什译《妙法莲华经》卷二《譬喻品第三》："斗诤摣掣，喧喋嗥吠，其舍恐怖，变状如是。"（27/243/a）"摣"字下注反切"侧加"。"摣"字，《大正藏》本作"齹"（9/14/a）。从上揭语例看，"摣"因是兽以牙齿抓掣尸体之肉，故或从齿作"齹"。《释名·释姿容》："摣，叉也。五指俱往叉取也。"上文的"齹"是以牙齿俱往叉取也，实际是"摣"的同词异写。《碛砂藏》本唐玄奘译《阿毗达磨俱舍论》卷十一："有情游彼，风吹叶坠，斩刺肢体，骨肉零落。有乌驳狗齹掣食之。"（82/371/b）随函《音义》："齹掣：上助加反，又侧加反。"（82/379/b）"齹掣"二字，《大正藏》本作"摣掣"（29/58/b）。《碛砂藏》本刘宋求那跋摩译《龙树菩萨为禅陀迦王说法要偈》："铁狗竞来争食啖，铁乌复集共摣掣。"（91/625/b）卷末随函《音义》："摣掣：上侧加反，下昌列反。～～，口粗牵拽皃。"（91/627/b）或作"齝掣"，《碛砂藏》本《正法华经》卷二："无数狗犬，蹲伏窠窟，各各围绕，皆共齝掣。"（27/389/b）卷末随函《音义》："齝掣：上侧加万（反），正作'齹'，齿挽也。下尺列、尺设二反，牵也。"（27/396/a）"齝"字，《大正藏》本同（9/76/b），校勘记曰：宋本、元本、明本、宫本作"摣"。《碛砂藏》本《妙法莲华经》卷二："由是群狗，竞来搏撮，饥羸惶惶，处处求食。斗争齹掣，喧喋嗥吠，其舍恐怖，变状如是。"（27/537/b）随函《音义》："齹掣：上侧加反，齿挽也。下尺世反，牵也。又尺设反。"（27/547/b）"齹"字，《大正藏》本作"齹"（9/14/a），校勘记曰：宋本、元本、明本、宫本、博本作"摣"。

---

① 慧琳：《一切经音义》，上海古籍出版社 1986 年影印，第 79 页。

我们看唐代窥基对《法华经》的义疏,《大正藏》本窥基《妙法莲华经玄赞》卷六:"'攄'音侧加反,《释名》:'攄,叉也',谓五指俱往叉取。《玉篇》:'五指捉击也、把也。'《切韵》:'以指按作戏。''掣'音尺制反。《字书》:'牵也。'《玉篇》:'引而纵之。'又尺析(折)反,曳也,谓五指捉曳。指按而曳攄攞引纵,或复向前而齵名攄,卑身就他故。向后而挽名掣,我慢却偃踞故。有作'齚'字,《说文》'齿不正也',非此义。"(34/758/c)实际上,"攄"的俗写可作"齚""齚""齚""揸"等。

赣南杂字L0138《四言杂字》:"攄拢掣开。"[1](28页)"攄拢"即抓拢、握紧的意思。赣南文书L0204《四言杂字·词讼第二十三》:"挐攄抓揢,牵拘受伤。"(33页)"攄"或作"揸",《碛砂藏》本唐玄奘译《瑜伽师地论》卷四:"有黑鳌(鳌)狗,楂掣脊胴而啖食之。"(46/439/a)随函《音义》:"楂揸掣:上助加反,中侧加反,下尺世反。"(46/444/b)"揸"是"攄"的变形,随函《音义》意在说明"楂"(揸)是"攄"的异写。《高丽藏》本《可洪音义》卷十一释《瑜伽师地论》曰:"揸掣:上争加反,下尺世反。"(62/628/c)《碛砂藏》本《说一切有部俱舍论》卷二随函《音义》:"揸掣:上助加反,又侧加反,正作齚。下尺列反。"(82/268/a)《古本小说集成》清刊本《说唐演义全传》第二十回:"下身一条裤子,磨了三年,也只剩得一块破布头了。遮了阴囊出了屁股,遮了屁股出了卵袋,咬金只得将道袍揸拢,遮了脚下。"[2]"揸拢"即抓拢。赣南客家方言还说手一握为"一揸",如"手揸一揸土"。王建军主编《清至民国岭南杂字文献集刊》第2册《七言杂字·禽兽门》:"人熊㩧食寻坑圳,狞狗揸鸡入屋楼。"[3]"揸鸡"即抓鸡、偷鸡。或俗写"乂""扠"等。《古本戏曲丛刊》三集明抄本《五福记》第七出:"曾在西庄乂鸡,又惯东村盗犬。"[4]"乂"是"叉"的俗

---

① 文中带"L"编号的文献,为本人搜集的清至民国的民间文献。

② 《古本小说集成》本,上海古籍出版社1990年影印,第354页。

③ 王建军主编:《清至民国岭南杂字文献集刊》第2册,广西师范大学出版社2018年影印,第292页。

④ 《古本戏曲丛刊》三集第1册,国家图书馆出版社2016年影印,第47页。

写。"叉鸡"谓偷鸡。"攎"字，本是以手抓取，引申指偷窃。①《古本戏曲丛刊》二集明刊本《咏怀堂新编勘蝴蝶双金榜记》第四出："只是咱们又冻又饥，怎生作个计较才好。离人家远，又没个鸡儿扙一扙，熬他不过。"②"扙"即是"扠"的异写，这里是抓、偷窃的意思。《古本戏曲丛刊》二集明刊本《春灯谜记》第十三出："我做团头风势，一家十甲排当。扙鸡剪绺要投降，不许面生卖帐。"（32/424）《古本小说集成》清刊本《清风闸》第六回："右手一观：'尊驾是三只手，不是扠鸡，定剪绺。'"③"扠"为抓取的意思，引申指偷窃。今赣县方言称小偷为"扠子"、小偷偷窃曰"扠"，是其例。"扠"的引申类似"攘"字，如《孟子·滕文公下》云"今有人日攘其邻之鸡者"。

　　"攎"字，方俗音或产生介音–u，则上文的"揸鸡"就类似今北方话的"抓鸡"。当然，这里并不是一定说官话的｛抓｝这个词来自"攎"；而是说"攎"读合口就与词｛抓｝义位合并了。"攎"也有音挓的，如《集韵》上平声十三佳韵："攎，庄蛙切，击也。"实际上这个"攎"字等于官话的｛挓｝，《后汉书·独行传·温序》："序素有气力，大怒，叱宇等曰：'虏何敢迫胁汉将！'因以节挓杀数人。""挓"的正音张瓜切，俗音或无介音，音查。如《古本小说集成》明刻本《残唐五代史演义传》卷二《安景思牧羊打虎》："其人赶上，用手挓（挓音查）住虎项，左胁下便打，右胁下便踢。"④《傅惜华藏古本小说丛刊》清刻本《顺治过江》第五回："那公差见了，不由分说，一手挰住，竟拥出大门，来到县前，禀了知县。"⑤"挰"是"攎"的异体。也偶见"挓"字作扎或擦用的，《元曲选》本白仁甫《墙头马上》第三折："想昨日被棘针都把衣袂扎，将孩儿指尖儿都挓破也。"⑥（167/b）《音释》曰："挓，庄瓜切。"《古本戏曲丛刊》四集脉望馆

---

① 可参曾良：《明清小说俗字研究》，商务印书馆2017年版，第356页。

② 《古本戏曲丛刊》二集第33册，第225页。

③ 《古本小说集成》本，第85页。

④ 《古本小说集成》本，第71页。

⑤ 王文章主编：《傅惜华藏古本小说丛刊》第126册，学苑出版社2016年影印，第221页。

⑥ 臧懋循：《元曲选》，浙江古籍出版社1998年影印，第167页。

2. 嬲/娆/挠

客家方言说玩耍曰料,本字实为嬲。王建军主编《清至民国岭南杂字文献集刊》第2册《新录杂字汇编原本·统裁话柄》:"樵夫去耍嬲,蹲跑彳亍探逻企。"[2]"耍嬲"旁音注:"洒了。"说明"嬲"音"了",这是俗音。L0416《六言杂字》:"其其彳亍搅嬲,尸弓哃呱樵场。"(16页)通语"嬲"音鸟,《古本戏曲丛刊》二集明刊本《墨憨斋重定梦磊传奇》第三十二折:"老身亲去与他两相嬲。"[3]眉批:"嬲音鸟。群戏也。""嬲"字往早追溯是"娆"字,《碛砂藏》本后汉支娄迦谶译《道行般若波罗蜜经》卷六:"弊魔复往到菩萨所,作是诡娆言:'佛如空,是经不可得边幅,不可得底,是经中我悉知已,皆空耳。'"(14/490/b)随函《音义》:"嬲:乃鸟反,~,弄也。"(14/500/a)"诡娆"二字,《大正藏》本作"诡嬲"(8/455/b),校勘记曰:元本、明本作"诡娆"。慧琳《一切经音义》卷九释此经云:"诡嬲:又作恑,同,居毁反。《说文》:恑,变诈也。谓变异也,诈妄也。经文从口作'诡',非也。下又作'嬲',《三苍》音诺了反,嬲弄也,恼之也。"说明"娆""嬲"是同词异写。今天"娆"字而沼切是正音,在唐代"娆"音奴鸟反很常见。《碛砂藏》本唐玄奘译《大般若波罗蜜多经》卷八:"此菩萨摩诃萨无魔来娆,此菩萨摩诃萨有魔来娆。"(1/107/b)慧琳《一切经音义》卷一释此经:"来娆:泥鸟反,《说文》:戏弄也。形声字。经作嬲,俗字也。"《大正藏》本《佛说鸯掘摩经》:"时,夫行还,问曰:'何故,有何不善?谁相嬲触?'"(2/508/c)"嬲"字,校勘记曰:宋本、元本、明本作"娆"。慧琳《一切经音义》卷五十四释此经云:"嬲触:上奴鸟反,《考声》云:嬲,相戏弄也。或作'娆'也。"[4]《大正藏》本《妙法莲华

① 《古本戏曲丛刊》四集第6册,第401页。
② 王建军主编:《清至民国岭南杂字文献集刊》第2册,广西师范大学出版社2018年影印,第148页。
③ 《古本戏曲丛刊》二集第11册,第583页。
④ 慧琳:《一切经音义》,第2165页。

经玄赞》卷六:"'娆'音奴了反,恼也。戏相扰作嬲。扰乱作嫽,奴巧反,《玉篇》娆或作扰音,'戏弄也'。"(34/769/a)《宋本玉篇·女部》:"娆,奴了切,苛也。又扰,戏弄也。"慧琳《一切经音义》卷六:"娆恼:宁鸟反,《说文》云:女惑于男也。古文作嬲也。"

"娆"字扰乱、戏弄义在中古汉语还可写"挠"等。《碛砂藏》本陈月婆首那译《胜天王般若波罗蜜经》卷一:"我行寂静行、离行、空;诸余沙门婆罗门在喧挠中,不乐空行。"(15/5/a)卷末随函《音义》:"喧挠:下女巧反,乱也。"(15/17/b)《高丽藏》本《可洪音义》卷二释此经云:"喧挠:奴巧反,扰乱也。"(62/285/c)又《碛砂藏》本《胜天王般若波罗蜜经》卷六:"菩萨身心常寂静离,而为众生种种说法,亦以方便远离喧挠。"(15/74/b)唐道宣《续高僧传》卷二十《释慧斌传》:"睹讲席喧挠,惟论声势,便入台山修诸静虑。"①《碛砂藏》本姚秦竺佛念译《出曜经》卷十九:"象自念言:'我在大众中时,为众象所娆,逐群食草则得弊恶草食,饮水得浊,今日在此不为众象所娆,何乃快哉?'"(89/477/a)例中二"娆"字,《大正藏》本均作"挠"(4/762/c)。今天"娆"正音不读乃鸟反,我们只好说此音是个俗音了。佛经中"扰蛊"或作"娆固"。《碛砂藏》本《法镜经》随函《音义》:"娆固:上乃鸟反,~,弄也。固,寒也,陋也,所谓斯弄寒贱也。"(18/185/a)慧琳《一切经音义》卷三十四:"娆固:乃了反。下又作恶,同,古护反。《三苍》云:娆,弄也,烦也。谓烦扰戏弄也。诸经有作'嬲',或作'嫐',音同'娆'。《摩登伽经》作'扰蛊',音公户反,厌蛊也。《字林》蛊音古护反。"《傅惜华藏古本小说丛刊》清刻本《飞龙全传》第三十一回:"王朴道:'朴有一计,使高行周敛兵自退,让明公长驱入汴,不敢阻挠。"②

从文字使用实际情况看,唐宋时期社会上"扰""娆""挠"可以通用。我们先看看在《经典释文》③的读音情况:

① 道宣:《续高僧传》,中华书局2014年版,第751页。

② 王文章主编:《傅惜华藏古本小说丛刊》第73册,第380页。

③ 陆德明:《经典释文》,宋元递修本,上海古籍出版社2013年影印。以下引用直接标明页码。

《尚书音义》:"扰:而小反。徐音饶。"（150 页）对应经文《书·皋陶谟》:"扰而毅,直而温。"孔传:"扰,顺也。"

《尚书音义》:"挠:女孝反。"（150 页）对应经文《书·皋陶谟》"强而义"孔传:"无所屈挠,动必合义。"

《周礼音义》:"必挠:乃孝反。"（536 页）十三经注疏本《周礼·轮人》注:"郑司农云:積读为奠祭之奠,蔌当作秅。玄谓:蔌,蔌暴。阴柔后必挠减,帱革暴起。"① 经文作"必桡"。

《周礼音义》:"挠之:乃教反。"（538 页）《周礼·轮人》注:"其弓菑则挠之。"②

《仪礼音义》:"挠之:刘好高反。"（562 页）十三经注疏本《仪礼·士冠礼》:"加皮弁如初仪。再醮摄酒,其他皆如初。"注:"摄,犹整也,整酒谓挠之。今文摄为聂。"③ 四库本《仪礼注疏》有《经典释文》:"音义:挠,刘奴高反。聂,女辄反。"贾疏:"注释曰:云'摄犹整也整酒谓挠之'者,案:《有司彻》云:司宫摄酒。注云:更洗益整顿之。不可云洗,亦当为挠,谓更挠搅添益整顿,示新也。"反切的"好""奴"字必有一误,当是"奴"字有误,"好"字是。④

《庄子音义》:"以挠:而小反,郭呼尧反,又许羔反。《广雅》云:乱也。又奴爪反。"（1462 页）

《庄子音义》:"挠挠:而小反。"（1477 页）

《庄子音义》:"不挠:乃孝反。"（1546 页）

《庄子音义》:"能桡:乃孝反,又呼毛反。王云:惟正德以至道服之,佞人以才辩夺之,故能泥桡之也。"（1546 页）

《经典释文》中未见"娆"字反切。其中"能桡"二字,《庄子·则阳》:

---

① 《十三经注疏》,中华书局 1980 年影印,第 908 页。

② 《十三经注疏》,第 909 页。

③ 《十三经注疏》,第 965 页。

④ 黄焯《经典释文汇校》云:"宋本'奴'作'好',阮云:好高即《集韵》之呼高,'奴'字误,宋本是也。"中华书局 2006 年版,第 314 页。《碛砂藏》本《别译杂阿含经》卷十随函《音义》:"挠搅:上呼高反,又奴巧反。下古巧反。"（58/134/b）

"夫楚王之为人也,形尊而严;其于罪也,无赦如虎;非夫佞人正德,其孰能桡焉。"联系上下文,《释文》将"桡"理解为搅扰义;《庄子集释》"桡"解为屈挠。"挠"字在《广韵》既音奴巧切,还有音呼毛切。《广韵》中"娆"字有奴鸟切、而沼切、火吊切三读;"扰"字音而沼切。《碛砂藏》本西晋竺法护译《佛说如幻三昧经》卷下随函《音义》:"挠乱:上奴巧反,一音蒿。"(18/386/a)慧琳《一切经音义》卷三十九:"挠搅:上音蒿,下交巧反。《古今正字》云:挠,扰也,乱也。二字并从手,尧、觉皆声也。"慧琳《一切经音义》卷二十二:"无屈挠行:挠,女教及如绍二反。杜注《左传》曰:挠,曲也。《汉书集注》曰:挠,弱也。此中文意,明精进波罗蜜勇捍策勤,无退屈,无怯弱也。'挠'字正应从木,经本有从扌者音呼高反,'挠扰'之字非此所用也。""挠"音蒿时会写作"蒿""耗""托"等。《汉语大词典》有"蒿恼"词条释作"犹打扰;麻烦"。元本高明《琵琶记·五娘到京知夫行踪》:"奴家准拟今日抄题得几文钱,追荐公婆,谁知撞着两个风子,自来蒿恼人一场。"《清平山堂话本·花灯轿莲女成佛记》:"婆子在此蒿恼三年,今晚去也!"《醒世恒言·大树坡义虎送亲》:"又且素性慷慨好客,时常引着这伙三朋四友,到家蒿恼,索酒索食。""蒿"即"挠"的假借字。慧琳《一切经音义》卷七十六:"挠攗:上音蒿,经作'耗',非也。'攗'字前说也。"《碛砂藏》本北凉昙无谶译《大般若涅槃经》卷十二:"藏臣闻已,即以两手,挠大海水。"(25/543/a)慧琳《一切经音义》卷二十六释此经云:"挠大海:呼高反,《说文》:挠,扰也。经文作'托',俗字也。"希麟《续一切经音义》卷二:"托动:上音呼高反,俗字也,正作'挠',《切韵》:搅也,亦动也。挠音奴巧反,今此不取。"《碛砂藏》本后汉安世高译《迦叶结经》:"阿难答曰:'唯,尊者!时魔波旬耗劳我意,故不从佛求哀耳。"(91/540/a)卷末随函《音义》:"托:好高反。"(91/548/b)"耗劳"二字,《大正藏》本作"挠扰"(49/6/a),校勘记曰:宋本、元本、明本、宫本作"耗劳"。说明"挠""耗""托"是同词异写。《碛砂藏》本《楼炭经》卷一:"主藏圣臣闻受其教,正衣服船上长跪,右手挠水,以器抄金银珍宝。"(59/41/a)随函《音义》:"挠水:上呼高反。"(59/43/b)《碛砂藏》本姚秦竺佛念译《戒因缘经》卷七:"时六群比丘托扰激动阿练儿。"（73/106/b）卷末随函《音义》："托扰：上呼高反，下尔少反。"（73/118/a）《大正藏》本作"挠扰"（24/879/c），校勘记曰："挠"字，宋本、元本、宫本作"托"，明本、圣本作"耗"。"蒿恼"较早或作"娆恼"，《碛砂藏》本隋阇那崛多译《起世经》卷八："若当为他所娆恼，有力能忍者为难，应知此忍最为强，如此忍时须赞美。"（58/517/a）卷末随函《音义》："娆恼：上音绕，又奴鸟反。"（58/523/b）《大正藏》本唐智严译《妙法决定业障经》："如是修行菩萨，一切世间天、人、阿修罗之所尊重，堪任供养超越声闻，则邪魔眷属无能娆恼。"（17/912/c）《高丽藏》本《可洪音义》卷七释此经云："娆恼：上奴了、而小二反。"（62/473/a）或作"挠恼"。《碛砂藏》本宋赞宁《大宋高僧传》卷七《释贞辩传》："尝因行道困息，有二天女来相挠恼。"（112/566/a）

赣南客家话中，有的地方称玩耍为"搅"［kau］，类似普通话的"搞"。赣南民间文献 L1331《陆续登记考究杂字》列有词语"顽耍、搅耍"（57 页）。L0136《六言杂字·商贾》："正直公平交易，温柔笑搅甜言。"（5 页）"笑搅"相当于普通话的"搞笑"。L0480《四言杂字·杂用》："欢乐搅耍，闹哄厅堂。"（19 页）民间文书中，亦见"嬲"字训读为｛搅｝，表示玩耍义。江西石城县 L0358《方言同音字》："教：～训。告：警～。犒：～劳。搞：～动。稿：禾～。搅：乱～，～扰。嬲：～笑。狡：～猾。较：比～。绞：～索。旋转。窖：地～。筶：竹～。合用。"（10 页）从同音字可知此"嬲"音搞，"嬲笑"即搞笑、玩笑义。

3. 馁

"馁"或作"餵"字用，或写"喂"。《汉语大字典》"馁"字条不收此义。《碛砂藏》本《大慈恩寺三藏法师传》卷二随函《音义》："饲：馁～也。"（98/382/b）这里"馁饲"即喂饲的意思。慧琳《一切经音义》卷二十一："受馁：馁，奴罪反。《说文》曰：馁，饥也。字从食，妥声。经本有从食边委者，音於伪反，此乃'餧卧'之字。"慧琳是说"馁"或作"餧"，它是餧饲之字。"餧"字既可表示饥饿义，又可表示喂养义；"馁"字也是如此。玄应《一切经音义》卷八释《前世三转经》曰："身馁：奴罪反，《论语》：馁在其中。馁，饿也。又音於伪反，谓以食散与鸟狩也。"①可对照原经:《高丽藏》本西晋法炬译《前世三转经》:"时婆罗门子自投身餧饿虎者,亦是我身。"(20/545/b)可见"餧"或"餧"均是餵的意思。《碛砂藏》本《经律异相》卷十二随函《音义》:"饲:音寺,餧~也。"(92/499/b)"餧饲"也当释读为"餵饲"。《碛砂藏》本《经律异相》卷十四随函《音义》:"餧:纡瑞反,~饲。"(92/530/a)

4.妖冶

《古本戏曲丛刊》初集明刊本汤显祖《牡丹亭》第三十六出:"事露之时,一来小姐有妖冶之名;二来公相无闺阃之教;三来秀才坐迷惑之讥;四来老身招发掘之罪。如何是了?"②"妖冶"不是平常的妖艳之类的意思。试想如果仅是妖艳,也谈不上特别有违礼教,而成为四大罪状之一;这里实际指杜丽娘勾引柳梦梅,自然名声不雅。故"妖冶"是俗读"妖蛊"的音义。因"蛊"字有训读为"冶"者,如《碛砂藏》本《佛说长者音悦经》:"云何此人裸形无耻,在此妖蛊,说我吉祥,益我忧烦?"(60/106/b)卷末随函《音义》:"妖蛊:下音野,古用'蛊',今作'冶'。"(60/108/a)《长者音悦经》的"蛊"字,《大正藏》校勘记曰:宫本作"冶"。《碛砂藏》本《佛说阿阇世王女阿术达菩萨经》:"宁可以神丹之珠比之于水精?王曾见师子当生蛊狐?遮迦王子岂当为小国王?"(18/298/b)卷末随函《音义》:"蛊狐:上音野。"(18/302/b)《碛砂藏》本《古今译经图记》卷二随函《音义》:"蛊狐:上音野,下音胡。"(96/61/b)慧琳《一切经音义》卷二十二"妖蛊"条:"於骄反,下弋者反。《周易》作冶,妖冶也。谓姿态之皃也。"同前卷五十五"娱蛊"条:"上夭骄反,下音野。"可洪《新集藏经音义随函录》卷二十三"妖蛊"条:"上於憍反,下羊者反。"《可洪音义》卷九"妖蛊"条:"上於憍反,下羊者反。正作'妖冶'。下又音古,非。"《碛砂藏》本东晋竺昙无兰译《自爱经》:"愿使众生远鬼妖蛊,悉奉五戒,以销国患。"(63/274/b)卷末随函《音义》:"妖蛊:下音野。"(63/278/a)《文选》

---

① 徐时仪校注:《一切经音义三种校本合刊》,上海古籍出版社2012年版,179页。
②《古本戏曲丛刊》初集第30册,第62页。

卷二张衡《西京赋》："妖蛊艳夫夏姬，美声畅于虞氏。"李善注："《左氏传》：子产曰：在《周易》，女惑男谓之蛊。音古。"注意：《牡丹亭》的"小姐有妖冶之名"正是"女惑男谓之蛊"；而对柳梦梅来说，则是"秀才坐迷惑之讥"。非常切合上下文意。《左传·庄公二十八年》："楚令尹子元欲蛊文夫人，为馆于其宫侧而振万焉。"杜预注："蛊，惑以淫事。"唐白居易《古冢狐》诗："何况褒姒之色善蛊惑，能丧人家覆人国。"宋王安石《礼乐论》："内有好爱之容蛊其欲，外有便嬖之谀骄其志。"《牡丹亭》是将"冶"训读为"蛊"；当然，"蛊"也可以同义换读为"冶"。《碛砂藏》本姚秦鸠摩罗什译《大智度论》卷四十八："此色先好，行来言语，妖冶姿则，惑乱人情，淫者爱著。"（44/130/a）卷末《音释》："妖蛊：下音野，正作蠱，治（冶）古用。"（44/141/b）经典正文作"妖冶"，随函音义将字头改为"妖蛊"，文意就不顺畅了。慧琳《一切经音义》卷二八"妖蛊"条："於骄反，下弋者反，《周易》作冶，妖冶也，谓恣态之兒也。"[1]"蛊"读弋者反应该是训读。《碛砂藏》本《景德传灯录》卷十七《抚州曹山本寂禅师》："问：学人十二时中，如何保任？师曰：如经蠱毒之乡，水不得沾着一滴。"（108/284/a）卷末《音释》："蠱：古、也二音。"（108/300/b）《别雅》卷三："妖蛊，妖冶也。《文选》傅毅《舞赋》'貌嫽妙以妖蛊兮'，张衡《西京赋》'妖蛊艳夫'，即妖冶也。马融《广成颂》：田开古蛊，注：蛊与冶通。蛊音冶。盖古少家麻音，故冶读如蛊，犹榭之为序，迓之为御也。"《古本戏曲丛刊》二集明刊本《量江记》第二十二出："弄得人顽事熟，便蛊引他偷汉开门。"[2]《碛砂藏》本吴支谦译《长者音悦经》："云何此人裸形无耻，在此妖蛊，说我吉祥，益我忧烦？"（60/106/b）卷末《音释》："妖蛊：下音野，古用蛊，今用冶。"（60/108/a）《音释》明确说"妖蛊"的"蛊"，"今用'冶'"；例中的"妖蛊"，或作"妖冶"，谓以姿色勾引人。

---

① 慧琳：《一切经音义》，第 1130 页。
② 《古本戏曲丛刊》二集第 14 册，第 514 页。

5.乑/乑

《汉语大字典》"乑"字条云："同'匜'。郑振铎《中国俗文学史》第六章：'弱柳芙蓉,乑灵沼而氛氲。'按:《降魔变文》'乑'作'匜'。"按:此条谓"乑"同"匜",没有普遍性,实际上是"帀"的讹字。盖"帀"的"巾"旁偶带笔讹作"中",不当收入字典。此敦煌原卷为国内藏本,无从查阅。《说文》："帀,周也。"误录为"乑",这是形讹,并不等于"乑"就是"匜"字。古籍中"乑"经常是"众"的俗写,似当收录。《古本小说丛刊》第11辑《绣球缘》第十四回："居正大喜,随吩咐左右,几(凡)遇京中有黄贵保其人,速来报知,乑人应命。明日乑官员请张居正到抚台衙门商议,张居正就把素娟的计策教乑官照式行事。住了数日,即别乑官回京。"①《古本小说丛刊》第11辑《瓦岗寨演义全传》第十三回："乑反王看见,即命将上前。"②又第二十回："大王因一时之错,如今省寤,请乑兄弟回城。"③同前："单言伯党回山复令,说乑兄弟誓不肯回。"④第二十回："怪不得乑兄弟不肯回来。"⑤又："须(虽)然伯党英雄,争奈(奈)寡不敌乑,世充人马大坠(队)而来,伯党败进城中。"⑥这些"乑"字,均是"众"的俗字。

"众"或有写作"乑"的,即在"乑"右下多一点,义同。古籍中作"乑"者为多。《古本小说丛刊》第11辑《绣球缘》第十六回："乑人正欲争夺,被张府家人喝住,各人纷纷散去。"⑦《古本小说丛刊》第11辑《瓦岗寨演义全传》第一回："你等乑将中有能与孤王比战,胜得孤者,受以上赏。"⑧同前："乑喽啰

---

① 《古本小说丛刊》第11辑,中华书局1990年影印,第1940页。
② 《古本小说丛刊》第11辑,第2450页。
③ 《古本小说丛刊》第11辑,第2541页。
④ 《古本小说丛刊》第11辑,第2541页。
⑤ 《古本小说丛刊》第11辑,第2541页。
⑥ 《古本小说丛刊》第11辑,第2542页。
⑦ 《古本小说丛刊》第11辑,第1958页。
⑧ 《古本小说丛刊》第11辑,第2268页。

会意了，俊达自回等候，不在话下。"①《古本小说集成》明刊西阳野史编《三国志后传》第四十八回："吾今初到，不好受礼，恐动𠂤人耳目不雅。"②《古本小说集成》清刊本《说呼全传》第十一回："丞相道：'𠂤将官，快快搜捉那反贼呼守勇兄弟出来见我。'"③《古本小说集成》清庚辰本《脂砚斋重评石头记》第十九回："且凡老少房中所有亲近服侍的女孩子们，更比待家下𠂤人不同，平常寒薄人家的小姐，也不能那样尊重的。"④《古本小说集成》清刊本《云钟雁三闹太平庄全传》第一回："那些百官人人领旨，文东武西，各各叙位而坐，天子居中，𠂤臣谢恩。"⑤（13 页）"𠂤"均是"众"之俗。

现在说说"𠂤""𠂤"的字形来源。"𠂤"本是"中"的古字形，如根据《甲骨文编》"中"的字形有：⑥

甲三九八　　　　　　前四·二七·六　　　　　　前四·二七·五

如上字形就很像"𠂤"字，应该是古文字"中"字形的楷化。再看古文字"中"类似"𠂤"的字形，如徐中舒《甲骨文字典》：⑦

期一·乙四〇三　　　　期一·京四九二　　　　期一·人三一一四

一直到近代汉字，还残留"𠂤""𠂤"作"中"用的语例。《古本戏曲丛刊》四集脉望馆本《宋上皇御断金凤钗》第二折："自𠂤甲第以来，累蒙擢用，谢圣恩可怜，除授谏议大夫之职。"⑧"𠂤"是"中"字。Z0224 江西兴国县木偶戏唱

① 《古本小说丛刊》第 11 辑，第 2294 页。

② 《古本小说集成》本，第 749 页。

③ 《古本小说集成》本，第 172 页。

④ 《古本小说集成》本，第 417 页。

⑤ 《古本小说集成》本，第 13 页。

⑥ 中国科学院考古研究所编：《甲骨文编》，中华书局 1965 年版，第 17 页。

⑦ 徐中舒主编：《甲骨文字典》，四川辞书出版社 2003 年版，第 39 页。

⑧ 《古本戏曲丛刊》四集第 9 册，第 220 页。

本："只望丈夫有高乎，夫妻命中带三刑。""乎"是"中"的俗字。《古本小说集成》清抄本《忠烈侠义传》第七十一回："倒是先生着了急，也不知会太公，就叫继祖递名去赴科考，高高的乎了生员。"[1] 此"乎"当释读作"中"。L01458《说史唱本》："他算关公麦城死，云长乎计命归西。"（2页）"乎计"即中计。

"中"读去声，则与"众"同音，也偶见"众生"俗写作"中生"的。《古本戏曲丛刊》二集汲古阁本《四喜记》第十出："遍三千界里，较察中生臧否，吉士加祯，恶人降毁。"[2]《古本戏曲丛刊》二集明刊本《妆楼记》第二十二出："仰荷循良仁政，神君考绩明。钦擢牧中生，示用蒲鞭，琴堂日静。"[3] "中生"即众生。《古本戏曲丛刊》四集脉望馆本《释迦佛双林坐化》："如今如来十种度世，劝恶行善，苦度中生。"[4]《古本小说集成》清刊本《续西游记》第六十五回："我非妖魔作怪精，生在中身荣卫里，吃些娘饭与爷羹。"[5] "中身"即"众身"，众生义。也有"众"作"中"用的，如《古本小说丛刊》第12辑清刻本《清风闸》第四回："孙小继失于俭点，众了圈套了。"[6] 同前第十一回："就是妈妈你说只总（这种）话，看众我那一件好？"[7]

从字形分析，"乎""乎"虽是古文字"中"的字形，但近代汉字有一定的字用分工。因"中"字笔画已很简单了，不用再多出别的写法；"乎""乎"大多作"众"的俗写用。如《傅惜华藏古本小说丛刊》清刻本《平山冷燕》第二回："有乎侍妾俱在殿外，独自领小姐进去。"[8] 同前第十三回："二人遂混入乎人中，走至殿前。"[9]（126/95）《傅惜华藏古本小说丛刊》清刻本《顺治过江》第五回：

---

① 《古本小说集成》本，第2228页。

② 《古本戏曲丛刊》二集第13册，第59页。

③ 《古本戏曲丛刊》二集第17册，第93页。

④ 《古本戏曲丛刊》四集第26册，第295页。

⑤ 《古本小说集成》本，第1151页。

⑥ 《古本小说丛刊》第12辑，第1770页。

⑦ 《古本小说丛刊》第12辑，第1874页。

⑧ 王文章主编：《傅惜华藏古本小说丛刊》第126册，第14页。

⑨ 王文章主编：《傅惜华藏古本小说丛刊》第126册，第95页。

"那李公子下了监牢，乑百姓忿忿不平。"① "乑"作"众"用。《傅惜华藏古本小说丛刊》清刻本《蜃楼志》第十一回："幸得乑弟兄还未散去，你且吃些酒饭，我打发人去邀来。"②

作者工作单位：安徽大学语言学与汉语史研究中心/安徽大学文学院

---

① 王文章主编：《傅惜华藏古本小说丛刊》第 126 册，第 222 页。
② 王文章主编：《傅惜华藏古本小说丛刊》第 89 册，第 181 页。

斯坦因所获突厥文《占卜书》卷首汉文《佛本生故事诗》校读札记*

肖　瑜　莫小婧

摘　要　斯坦因第三次中亚考古所获汉文文献大多由普通民众书写,俗字颇多,因年代久远,导致破损难辨、字迹模糊。在文字释录方面,《斯坦因第三次中亚考古所获汉文文献(非佛经部分)》尚存少数错讹。本文通过校读写本 Or. 8212/161 突厥文《占卜书》卷首所抄汉文《佛本生故事诗》,勘正已有录文中的部分错讹。

关键词　斯坦因;中亚考古;汉文写本文献;《佛本生故事诗》

　　《斯坦因第三次中亚考古所获汉文文献(非佛经部分)》(以下简称《斯三》)是由沙知、吴芳思编著的图文并录本,公布了英国国家图书馆所藏斯坦因第三次中亚考察时从敦煌及周边地区收集的汉文写本。所收写本 Or. 8212/161[①]

---

* 　基金项目:本文系国家社科基金重大项目"汉文佛经字词关系研究及数据库建设"(23&ZD311)、国家社科基金冷门绝学项目"敦煌吐鲁番出土汉文纪年写本群常用字编年与研究"(24VJG045)、广西哲学社科研究年度课题"敦煌吐鲁番出土南北朝汉文佛典写本群常用字编年与多维研究"(24YYB001)、广西师范大学中国语言文学一流学科建设项目"敦煌吐鲁番出土汉文佛典写本群常用字编年与研究"(WKY23002)的阶段性成果。

① 　该卷马伯乐 *LES DOCUMENTS CHINOIS DE LA TROISIÈME EXPÉDITION DE SIR AUREL STEIN AE ASIE CENTRALE*(大英博物馆出版社 1953 年版)未曾收录进去。据张铁山、赵永红《古代突厥文〈占卜书〉译释》:"《占卜书》原名为 ïrq bitïg。本世纪初由 A·斯坦因发现于甘肃敦煌藏经洞。现藏伦敦大英图书馆,编号为 8212(161)(旧编号为 ch.0033)。册子式,共 58 叶。由 29 叶纸对折逐叶粘成。纸幅高约 13.6cm,宽约 8cm。纸质厚韧,呈黄褐色。由于长期使用,写本边缘已起皱。写有文字的共 104 叶。从第 5 叶反面到第 57 叶正面为两面书写。最后 2 叶(103、104)中的结尾部分用朱笔书写,每叶留有很大的天地,写 8—9 行,每行 8—10 个字母。有些叶中写有许多汉字,但与写本内容无关。……写本年代及整理者不清楚,似属于 9—10 世纪。"(见《喀什师范学院学报(哲学社会科学版)》1993 年第 2 期,第 31 页。又见耿世民《古代突厥文碑铭研究》附录《占卜书》,中央民族大学出版社 2005 年版,第 285 页。)

卷首第1至5叶正面，为《佛本生故事诗》[①]；从第5叶反面开始，到第57叶正面止，两面书写共计104叶，抄写内容为突厥文《占卜书》；卷尾第55叶反面开始，到58叶为《佛子舫赞一本》[②]，两篇内容在行笔、结构等有诸多相似之处，可知均为同一人抄写，结构不精，运笔略显生涩，字形错漏较多，足见抄写者的文化水平不高。本文在沙知、吴芳思录文基础上，对Or.8212/161所抄《佛本生故事诗》进行重新校读，依照顺序先后排比条目，展开分析。卷尾《佛子舫赞一本》，笔者有另文进行校读。

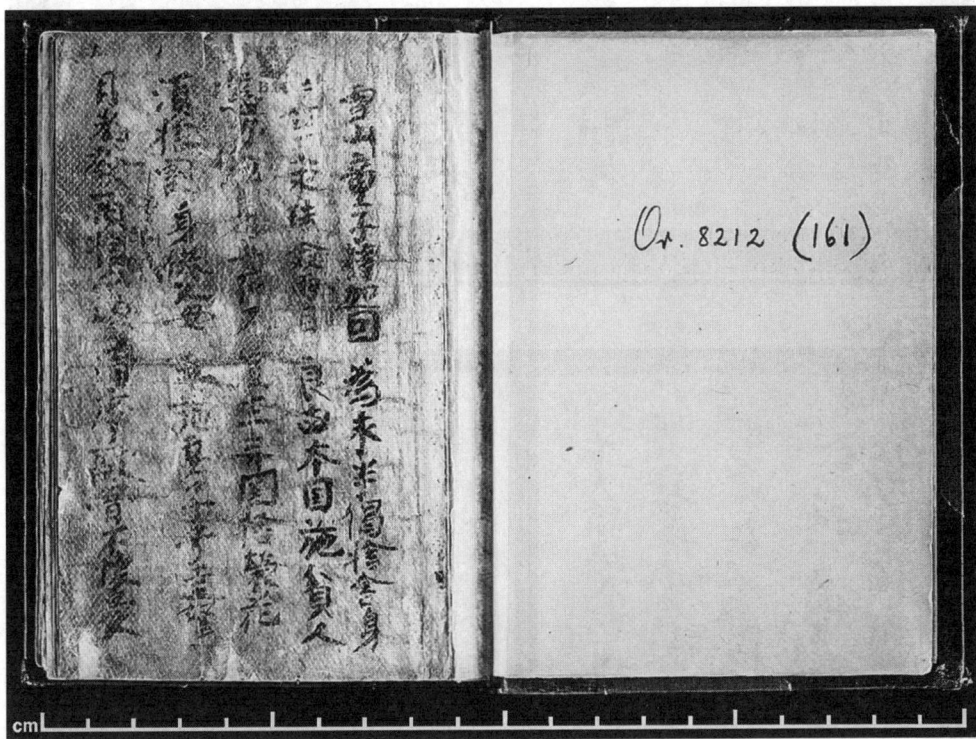

---

① 沙知、吴芳思编：《斯坦因第三次中亚考古所获汉文文献（非佛经部分）》，上海辞书出版社2005年版，第6—8页。
② 沙知、吴芳思编：《斯坦因第三次中亚考古所获汉文文献（非佛经部分）》，第4—5页。

·17·

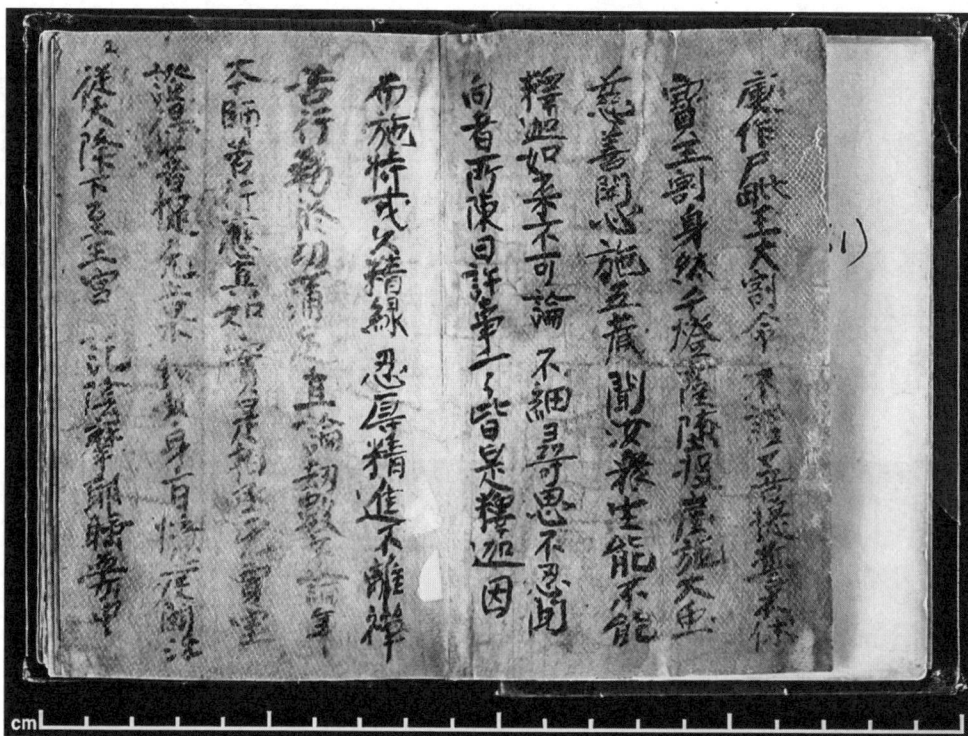

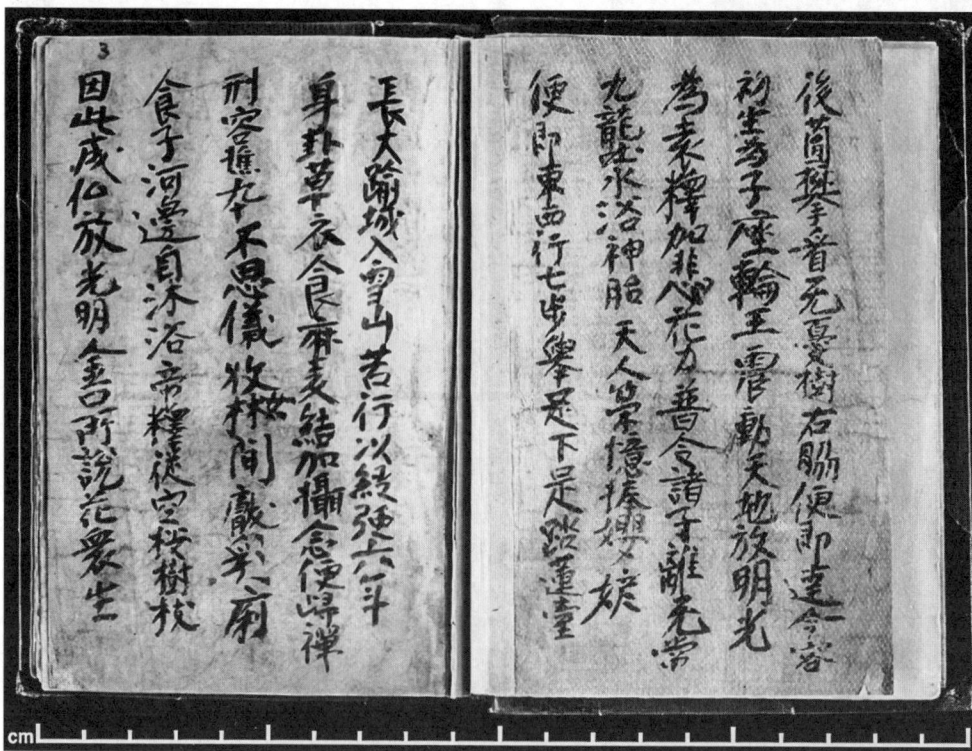

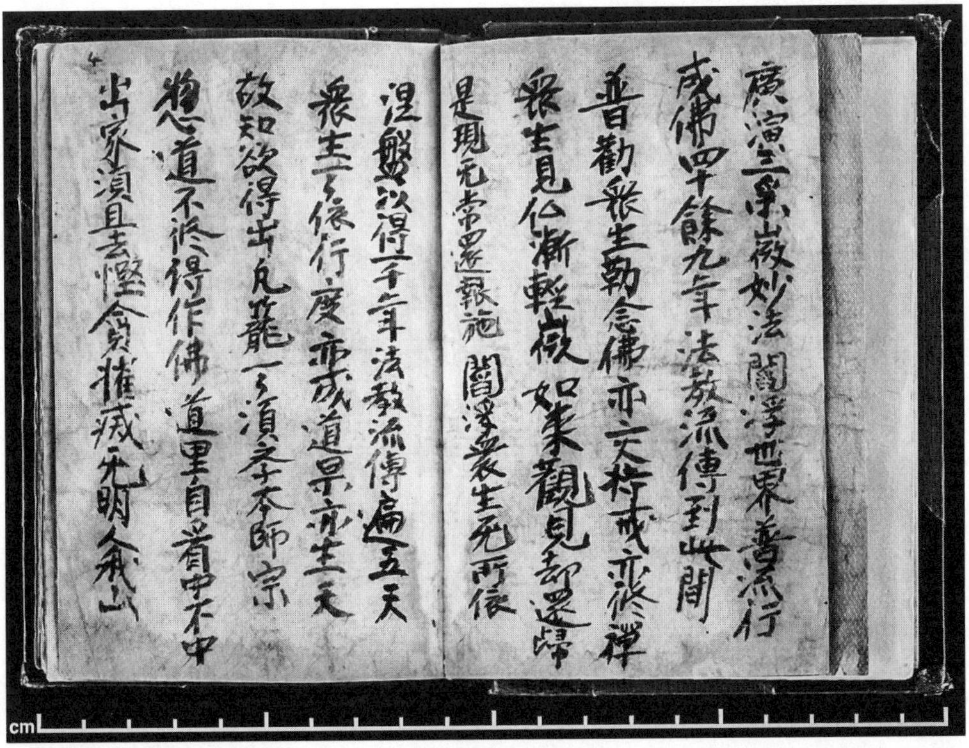

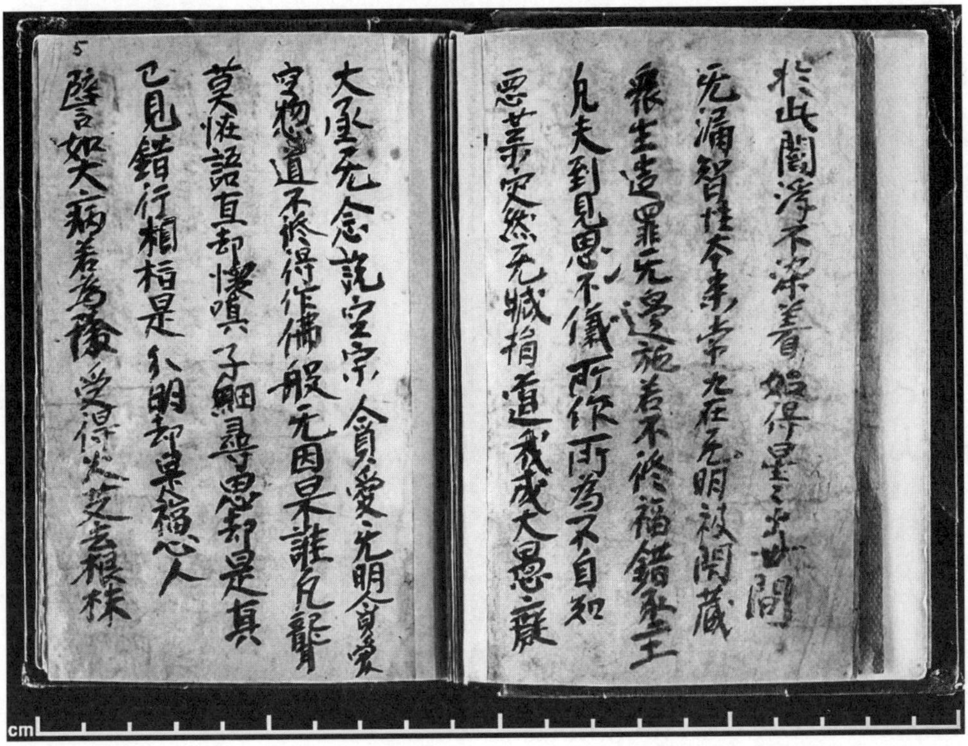

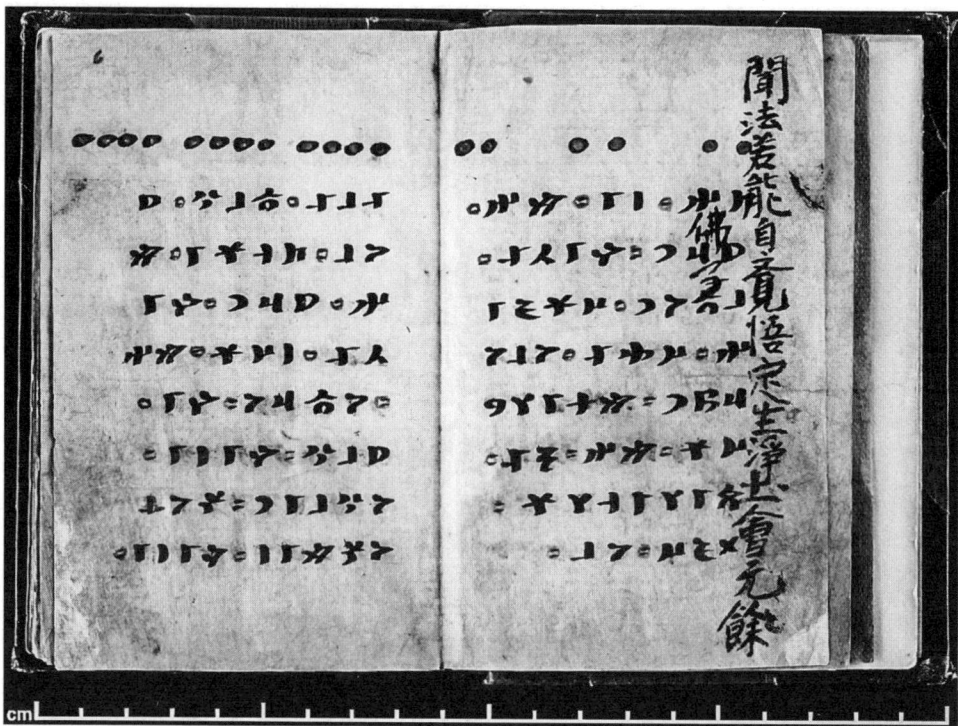

图 1　Or.8212/161《佛本生故事诗》①

佛本生故事诗即以韵文或韵散结合的形式说唱佛本生故事的叙事诗，Or.8212/161《佛本生故事诗》竖向抄写，自然成行，共计 46 行，每行两句，每句以七言为主，换韵频繁，对仗较为工整，偶有六言、八言，少部分诗句有脱字衍字情况，全篇共计 643 字。《净土五会念佛略法事仪赞》中的卷一《正法乐赞》②与该故事诗的内容非常接近，可资比勘。

今按照诗句先后顺序，校读如下：

一、雪山童子释迦囙，为求半偈捨會身。善王求法金（睑）两目，良由本国施贫人。

1. 按：囙，沙、吴《斯三》录作"回"，误。该字当为"因"。理由有三：

（1）从字形上来看，"囙"字即是"因"字俗体。《干禄字书》："囙因，上

---

① 图片来源于国际敦煌项目 IDP 网站。

② 《大正新修大藏经》第 47 册，第 474 页。

俗下正"。敦煌写卷中习见,例不赘举。

(2)后文出现"一一皆是释迦因"一句,"释迦因"可与此处相呼对。

(3)此四句韵脚为"身、人",检《广韵》"身""人"两字皆为真韵字,而"回"属灰韵字,"因"为真韵,可与"身""人"相押,构成七言首句入韵的常规韵例。

2.按:舍,沙、吴《斯三》录作"舍",从字形来看,不误。但该字当系抄手误抄,正确字形当为"全"。理由如下:

(1)沙、吴所录"捨舍身","捨""舍"二字同义重复。逻辑上不应出现这种表达。

(2)传世本《五会法事赞》中该句为"雪山童子释迦因,为求半偈捨金身"。但其他佛经中还未见"捨金身"之说,多为"捨全身"。如《大乘本生心地观经》"或于雪山为求半偈而捨全身;或现受生于净饭王家;弃捨后宫六万媒女"[①]。又《注大乘入楞伽经》"古圣因是悟入者,故捨全身,以求半偈"[②],皆是对释尊舍身求半偈的描述。

(3)"半偈"与"全身",构成对文。故此处"舍",当系"全"字之讹。

此外,传世本《五会法事赞》中的"金身"也极可能是流传过程中出现的字形讹误。

二、月光发愿舍□□,□廗? 敲骨不怀㥏。更作尸毗王大割命,不证菩提誓不休。

按:这四句,在《五会法事赞》中为"月光发愿舍千头,萨婆敲骨不怀忧。更作尸毗代鸽命,不证菩提未拟休"。笔者以此为基础进行校读。

(1)第一句"月光发愿舍□□"中的"□□",或可据《五会法事赞》补为"千头"。此句中的"月光"指月光王。据《贤愚经》记载,月光王为释迦牟尼过世修菩萨行时的前身,有以头捐施的修行之举。

(2)第二句"□廗? 敲骨不怀㥏"中的"□廗?",《五会法事赞》作"萨婆",与写卷字形差距较大。写卷字形"蒲摩"不清晰,依稀似作"蒲摩"。"蒲

---

① 《大乘本生心地观经》卷一,《大正新修大藏经》第 3 册,第 159 页。
② 《注大乘入楞伽经》卷五,《大正新修大藏经》第 39 册,第 464 页。

摩"当为"萨摩"之讹。在佛典中,"敲骨"的圣贤常指常啼菩萨(音译作萨陀波伦菩萨)。传世《五会法事赞》"萨婆敲骨不怀忧",或从"萨陀"而来。

另外,该句中的"憂",沙知、吴芳思《斯三》录作"爱",误。"憂""愛"字形相近,如《敦煌俗字典》收 愛夓(爱)[3]3,憂夓(忧)[3]988。此字原片字形作"夓",漫漶不清,难以辨认,整理者把其录作"爱",情有可原。然细绎原卷,对照传世的《五会法事赞》,该字当为"憂"。从韵脚来看,第四句"不证菩提誓不休"的韵脚为"休"。"憂""休"同为流摄平声尤韵字,而"爱"为蟹摄去声代韵字,读音差别较大。就韵脚字来说,"夓"释作"憂"比释为"愛"更合理。

(3)第三句"更作尸毗王大割命",对照传世《五会法事赞》,此句中的"王"字当是衍文。"大割命"即"代鸽命","大"为去声泰韵定母字,"代"为去声代韵定母字,韵母同属蟹摄,两字音近可通。依据罗常培的观点,"割"为入声曷韵(*–ar)见母字,"鸽"为入声合韵(*–ab)见母字,两字音近可通。①

三、释迦如来不可论,不细寻思不忍闻。向者所陈彐许事,一一皆是释迦因。

1.按:"不"字误,当为"子"。《五会法事赞》此处前两句为"本师苦行实难论,子细寻思不忍问"。残片和赞文第一句差别较大,当是传本在后世传播过程中文本发生了改动。

残片"不"从字形来看确为"不"。但若按字形照录,则文意为:舍身求半偈之事,不细细思索,便不忍听闻,似于意未安。传世本"子细",则意为:细细思索起来让人不忍听闻,言释尊求半偈之艰辛,文意可通。原卷字形作"不",极可能是传抄之误。同卷后半部分亦有"子细寻思确是真"一句。敦煌写本文献中常见用"子细"表示"认真、细心"义。"子细",后世多写作"仔

---

① 据罗常培《唐五代西北方音》(商务印书馆 2012 年版,194 页),"入声的 –p、–t、–k 三种收声,藏音写作 –b、–r(或 d)、–g,……那么 –r、–g 两个收声从五代起也露出消失的痕迹了。到了现代西北方音,不单 –b、–r、–g 变得连一点影儿都没有,而且因为收声的消失,把原来不同摄的入声也合并成一摄了。"《佛本生故事诗》残片这里的"割""鸽"通用,可以为罗常培先生西北方音三种入声尾合流的观点提供又一例新证据。

细"。①

此外,这四句的韵脚也有重要的汉语语音史研究价值,试浅揭之。"论""闻""因"分别为魂韵、文韵、真韵。汉藏对音的韵母系统分歧颇多,魂韵、文韵也略有分别,魂韵为-on或-un,文韵为-un,邵荣芬②对魂、真、殷、文四韵的关系进行过论述,但因例证较少,仅存魂、文代用和震、焮代用两项,且都是孤例,未下定论。此处这三字相押,可为学界提供魂、文、真韵字相互代用之例。③

2.按:"向者所陈曰许事",沙、吴《斯三》录为"向者所陈日许事"。《大正藏》本此句为"向者所陈尔计事"。从文意来看,"日许事""尔计事",均令人费解。试解如下:

(1)"许"与"计"在字形上比较相似,有可能出现传抄讹误。

(2)"日""曰"字形相近,容易混淆,原卷字形"曰",当系"曰"字,但被沙、吴错释为"日"。我们认为,"曰"很可能是"尔"之讹。章草"曰"字外框可减省成两笔点画或勾画,中间两横与两旁竖画分开书写,如《章草大字典》收 𠃌 𠃌（曰）[9]763,《中国书法大字典》收 𠃌（曰）[10]362,与"尔"略有相似,如 𠃌（尔）[10]372,在抄写者文化水平不高的情况下,极可能将"尔"误抄为"曰"。

综上,残卷此句本来应该是"向者所陈尔许事,一一皆是释迦因"。"尔"意即"许",同义连用构成"尔许"一词,犹言如此、这般。如《增一阿含经》卷40:"世尊告诸比丘:'女人成就九法系缚男子。云何为九?所谓歌、舞、伎、乐、笑、啼、常求方宜、自以幻术、颜色形体。计尔许事中,唯有更乐,缚人最急,百

---

① 参张涌泉、张小艳、郜同麟主编:《敦煌文献语言大词典》(下),四川辞书出版社2022年版,第2772页。

② 邵荣芬:《敦煌俗文学中的别字异文和唐五代西北方音》,《中国语文》1963年第3期,第193—216页。

③ 吉林大学文学院马进勇博士认为,这种情况也可能是民间文学押韵不严格,凡音近就可通押的一种表现。

倍、千倍，终不相比。'"①

四、布施持戒久精𝄞，忍辱精进不离禅。

按："𝄞"，沙、吴《斯三》录作"绿"，误。该字当录为"缘"。传世本《五会法事赞》此二句为"布施持戒久精研，忍辱精进不离禅"。

"精研"一词古已有之，如《后汉书·何休传》便记载何休"精研六经，世儒无及者"。对照传世本《五会法事赞》，写本"精缘"，当读为"精研"。"研"为疑母先韵开口四等字，"缘"为以母仙韵合口三等字，疑、以代用，邵荣芬已揭示，此不再赘；至于韵母，邵荣芬揭示了敦煌文学作品中有先、仙合并的现象，这里的"研""缘"均为平声，极有可能因音近而通假。

布施、持戒、忍辱、精进为佛教"六度"其中四种，"度"为度生死海到涅槃岸，"六度"即六种法门，行之可以从生死苦恼此岸到涅槃安乐彼岸，全句可理解为：释尊修行佛法，精心研习，坚守禅定。

五、苦行勤修功𝄞足，直论劫数不论年。

按："𝄞"，沙、吴《斯三》录作"蒲"，误。该字当为"满"。传世本《五会法事赞》中有"苦行勤修功满足，直论劫数不论年"，可资对勘。

从字形上看，俗书"蒲""满"二字因形近易相混，敦煌文献中亦见有"蒲""满"二字相似之例，如俄Φ96《双恩记》："一过啼多血满腮，肝肠寸断几千回"之"满"作"𝄞"，敦研143号《大智度论》："如劫燃尽已大雨弥满"之"满"作"𝄞"，皆可比参。从意义上看，"蒲足"于意未安，而"满足"则意合文安。

六、证得菩提无上果，□身百𝄞度𝄞𝄞。

按：沙、吴《斯三》释作"证得菩提无上果，□身百憶度關活"。传世本《五会法事赞》中此句为"证得菩提无上果，分身百亿度阎浮"。这里有四处，分别

---

① 《增一阿含经》卷四〇，《大正新修大藏经》第2册，第765页。

讨论如下:

（1）细勘 IDP 彩色图片,沙、吴所释"□"似有两字,第一字为"分"字,第二字不清晰,似"散"或"数"字,无法断定。

（2）沙、吴所释"百憶",当校为"百億"。

（3）沙、吴所录"關活",大谬。虽原卷"阁浮"有些漫漶模糊,但是从字形部件上不难看出,此二字形应释作"阎浮"。传世本《五会法事赞》亦可佐证。"阎浮"即"阎浮提",为梵语的音译,是佛学中表界名之术语,泛指人间世界。"阎浮"在佛经文献中习见。《佛本生故事诗》本卷后半三次提及"阎浮",如第 26 行"广演三采薇妙法,阎浮世界普流行",第 30 行"是现无常还报施,阎浮众生无所依",第 36 行"于此阎浮不染着,始得星星出世间"。此三例在沙、吴《斯三》中均释录为"阎浮",唯独此处因字形漫漶致误释成"關活"。

七、九龙吐水浴神胎,天人篓憶捧婴孩。便即东西行七步,举足下足踏莲台。

按:"天人篓憶捧婴孩",沙、吴《斯三》录文为"天人箓(策)憶捧嬰嫁",殊为费解。传世本《五会法事赞》作"九龙吐水洗神胎,天人榮胲捧婴孩",可资比勘。试校读如下:

（1）残卷"嬰嫁"的"嬰",系"婴"字受下面影响的增旁俗字。而"嫁",《汉语大字典》未见此字形,系依原卷所造字形。"孩",即"孩"字俗体,敦煌写本可见。《敦煌俗字谱》《敦煌俗字典》均收该俗体。子、女义近,作为部首可换用。"亥"中间的撇折一笔分作两笔,横画拉长与长撇相交,长撇被分割,下半部分进一步讹误,与"彦"字相似。从"亥""彦"之字多有此写法,易相混,如:垓(垓)[3]231、骸(骸)[3]276、刻(刻)[3]433,颜(颜)[3]925,"彦"字下半部分撇画书写方向亦可相同,如:谚(谚)[3]929。

（2）残卷"篓憶",沙、吴录为"箓(策)憶",殊为费解。在传世本《五会法事赞》中,"箓(策)憶"作"榮胲"。

由此来看，"筞(策)"当为"荣"的俗字形体，敦煌写本常见。"憶"为入声职韵(*-ig,*-yig)影母，"腋"为入声昔韵(*-ig,*-yig)以母，音近可通用。[①]

但"荣/筞"(耕韵云母)实际是假借字，本字当为"縈"(清韵影母)。[②]敦煌文献中，常见"荣"通读作"营"。[③]在 Or.8212/161《佛本生故事诗》中，"荣"通读作"縈"。"筞憶"即"縈腋"，意指表示萦绕腋下。"天人萦腋捧婴孩"，正好描绘了释迦牟尼从其母摩耶王后腋下出生，天人萦绕王后腋下，捧着初生婴孩的场景。

八、刑容樵卆不思仪，牧女林间献彩廗。食子河边自沐浴，帝释从空桉树枝。

按：前文讲述释迦牟尼入雪山苦行六年之事，此处四句描写释迦牟尼身体羸弱、面容枯槁之状令人无法想象，其恢复进食、洗去尘垢之事。传世本《五会法事赞》中作"形容枯悴不思议，牧女投身献乳糜。食了河中自沐浴，帝释从空按树枝"，可资对勘。

（1）"刑容樵卆不思仪"，当读为"形容憔悴不思议"。其中，"刑"读为"形"，"樵"读为"憔"，"卆(卒)"读为"悴"[④]，"仪"读为"议"。"刑"与"形"、"樵"与"憔"同音，为同音通假。"卒"为入声术韵精母字，"悴"为去声至韵从母字，这一通假现象，可以补充邵荣芬先生关于敦煌通假字研究的空白。[⑤]"仪""议"通用，古书常见。

---

① 罗常培《唐五代西北方音》(第53、162页)揭示唐五代西北方言有职、昔互注现象。

② 据罗常培《唐五代西北方音》(第193页)，耕、清二韵趋同，"荣""縈"音近可通用。

③ 参王继如、吴蕴慧：《敦煌文献通读字》，商务印书馆2022年版，第340页。又据吉林大学文学院马进勇博士提示，现代汉语方言中，也有"荣""营"音同的情况，如重庆方言中，老派发音人就把"荣""营"都念成"云"音。

④ 吉林大学文学院马进勇博士认为也可能"单纯就是书手写错了字形，而非同音借用"，今存其说。

⑤ 邵荣芬《敦煌俗文学中的别字异文和唐五代西北方音》(载《中国语文》1963年第3期，第193—216页)未论及精、从代用的情况，未见术、至代用例，罗常培在注音本《开蒙要训》中可见三条精、从互注例。

（2）"牧女林间献**彩庿**"，"**彩庿**"，沙、吴《斯三》释作"彩廁"。传世本《五会法事赞》释为"乳糜"。"彩"字误释，"庿"系"糜"俗体，试解如下：

1）先说"**彩**"。从字形上看，原卷"**彩**"，左旁当为"孚"，右旁"乚"写作"彡"，系字形辗转讹误。"彡"三撇可反写作三点，在行书草书中连笔简写后与"乚"相似，如《敦煌行书大字典》收**乳**（形）[8]249，**乱**（彰）[8]250。抄写人或对此故事诗内容并不了解，只是照着别的卷子抄写，以为"乳"字右旁是"彡"连写所致，进而反写楷化笔形为三点，以致讹误。

2）再说"**庿**"。此字形，沙、吴《斯三》依照残卷释作"廁"。该字形，历代汉字工具书未见，仅见于越南喃字文献，与本卷字形所表义完全无关。今检诸字书，与表"粥糜"义"廁"形体相近的字是"床"，见于《玄应音义》（高丽藏本）卷二《大般涅槃经》第三十三卷音义、又见于《龙龛手镜·广部》。钱大昕《十驾斋养新录》卷四"床"条据《玄应音义》，认为该字隋唐以前已有，系西北地区方俗相承字形。张涌泉《敦煌俗字研究·下编》[1]、赵红《吐鲁番俗字典》[2]有详细论述，可参看。从敦煌吐鲁番出土文献来看，表"禾稔"的"床"出现甚多。如伯3560《沙州敦煌县行用水细则》"浇床粟麻等苗"；吐鲁番出土文献67TAM78：35《唐西州蒲昌县粮帖三》"床十……"等。

"床"为"糜"的同音借字，"糜""糜"形近易混。《佛本生故事诗》此处"庿"为"糜"字之讹，本欲写作"床"，抄手又下意识顺手添"刂"旁，使得此字成为从广利声的形声字。

"乳糜"，指用乳汁或酥油调制的粥。甘博003号《佛说观佛三昧海经》卷第五"堕已糜烂，众虫唼食"，大正藏本"糜"作"糜"。"牧女献糜"故事在佛陀传记有述：释尊于菩提树下成正觉之前，曾接受牧女乳糜供养。莫高窟第61窟北壁亦有五代时期的牧女献糜图。

3）"食**子**"的"**子**"，从原卷字形看，确为"子"字，但"食子"于意未安，

---

① 张涌泉：《敦煌俗字研究》（第二版），上海教育出版社2015年版，第919页。

② 赵红：《吐鲁番俗字典》，上海古籍出版社2019年版，第332页。

传世本《五会法事赞》作"食了",文从意顺。此处写成"子",当是抄写者在抄写过程中的讹误所致。

九、因此成佛放光明,金口所说花众生。广演三乘薇妙法,阎浮世界普流行。

按:"花众生"的"花",释文照录为"花",字形无误。结合文意,可知此字当读为"化",意为度化众生。"三乘薇妙法",沙、吴《斯三》录作"三采薇妙法"。传世本《五会法事赞》有"广演三乘微妙法,娑婆世界遍流行"。两相对校,"三采薇妙法"应为"三乘微妙法"。探究沙、吴《斯三》误录的根源,在于草书"乘(乘)"与"采"形近而致误录。《敦煌俗字典》收录"乘"草写俗字有"乘"。"采"上三点常可简笔连写,如《敦煌行书大字典》彩(彩)[8]250,《中国书法大字典》菜(菜)[10]604。敦煌文献中亦可见将"乘"写得与"采"相似之例,如伯2141《大乘起信论略述》卷上"二含乘义,非直敬前用大佛宝,及亦敬于体相法宝"之"乘"作"乘"。"三乘"为常见佛教术语,乘人而使各到其果地之教法,名为乘。三乘即三种交通工具,比喻运载众生渡越生死之流,到涅槃彼岸的三种法门,有声闻乘、缘觉乘、菩萨乘这三种教法。[2]1737"薇",沙、吴释为"薇",误。该字形其实就是"微"的俗体,直接可以释为"微"字。后文"渐轻微"的"微"字与此处字形相同,然未误释。

十、普劝众生勤念佛,亦交持戒亦修禅。

按:"交",沙、吴《斯三》录为"灾",误。该字当释为"交"。传世本《五会法事赞》中此句为"普劝众生勤念佛,亦教持戒及修禅"。残卷"交"通读为"教",其义是使、令。"交""教"均为古肴切,平声肴韵见母。"交""教"二字同音通用①,敦煌文献常见,例斯3491《破魔变》:"魔王口中思惟道:'若是交他化度众生,我等门徒,投于佛里;不如先集众徒,点检魔宫,恼乱瞿昙,不交

---

① 张涌泉、张小艳、郜同麟主编:《敦煌文献语言大词典》(上),第1005页。

出世。'"①

十一、无漏智性本来常，九 在无明被闭藏。

按："九"，沙、吴《斯三》释作"九"。就字形而言，确为"九"，不误，然"九在"不辞。据文意，此处"九"字当读为"久"，"久在无明"意为长久处于痴愚无智慧的状态。"九""久"音同，去声宥韵从母，同音可通用。②敦煌文献常见，例如伯2653《燕子赋（二）》："九住人憎贱，希来见喜欢。"③

这两句，传世本《五会法事赞》作"无漏智性本来常，久在无明被尘藏"，亦足证"九"通读为"久"。

十二、恶業宛然无臧捐，道我成大愚痴。

按：这两句，沙、吴《斯三》释录为"恶葉灾然无臧捐，道我成大愚痴"。第一句释文，有四处需申说。

（1）"業"录为"葉"，无误，"葉"读为"業"，"恶葉"即"恶業"。"葉"《广韵》与涉切，以母叶韵；"業"《广韵》鱼怯切，疑母业韵，唐五代西北方音中，"葉""業"音近可通。④"恶業"为佛教名词，《佛学大辞典》："乖理之行谓之恶，身口意三者作事，谓为業。"[2]2055佛经习见，如《大哀经》有"十恶業"。

（2）"宛"，沙、吴录为"灾"。从字形角度看，这样录没有问题，然于意未安。此字形形似"灾"，实际为"宛"。传世本《五会法事赞》即为"宛然"。抄手将"宛"写成似"灾"的字形，极有可能是草写讹误，《敦煌草书大字典》收"宛"为 灾[7]812，《敦煌俗字典》收"灾"字为 灾[3]1033，两字较为相似，易

---

① 王继如、吴蕴慧：《敦煌文献通读字》，第189页。

② 张涌泉、张小艳、郜同麟主编：《敦煌文献语言大词典》（上），第1094页。

③ 王继如、吴蕴慧：《敦煌文献通读字》，第202页。

④ 邵荣芬：《敦煌俗文学中的别字异文和唐五代西北方音》，第193—216页。"云、以合并，而疑、影既都和云代用，也和以代用，可见疑、影已经并进去了。"并给出了疑、以代用9例。周季文、谢后芳《敦煌吐蕃汉藏对音字汇》（中央民族大学出版社2006年版）也列举了多条敦煌汉藏材料中，疑、云合口，影云（余）开合同音的例子。

讹误。

"宛然",其义即仿佛,为古书常用词汇,佛经中亦见。如《佛说给孤长者女得度因缘经》卷二:"我左手持众生,右手转大地,大地虽转,是诸众生,宛然安隐不知所转。"[①]

(3)"臧捐",沙、吴录为"臧捐",误。当依传世本《五会法事赞》释作"减损"。从字形来看,"减"字左旁两点易与右旁撇画形成类似于"丬"状部件,点画又进一步曲折讹误成"丬",最后抄写为"臧(臧)"。《敦煌俗字典》收"损"字为**捐**[3]767,"损"右旁下半部分为"贝","月"中两横常用一笔连贯勾带而出,使得"月"与"贝"相似,容易讹误。

此句位于韵文四句中的第三句,系出句,联系该句对句后五字的平仄格式(仄仄仄平平)来看,第三句后五字的平仄格式当为平平平仄仄。第四字"然"必须为平声,第六、七字都必须为仄声。"臧捐"均为平声,而"减损"均为上声。由此看,"臧捐"释作"减损",亦合平仄格律。

(4)按:第二句仅有六言,格律不合,有脱文。与传世本《五会法事赞》相校,可知"成"字后夺一"佛"字,整句当为"道我成佛大愚痴"。

十三、大丞无念说空宗,贪爱无明贪爱空。

按:这两句,传世本《五会法事赞》作"大乘无念说空宗,空却无明贪爱空"。沙、吴《斯三》"大丞无念"的"丞",录为"丞",误,当录为"承",通读作"乘"。"乘"为佛教术语,指能将众生从烦恼此岸载至觉悟彼岸的教法,《阿含经》中尊称佛陀的教说为"大乘"。

十四、譬如大病若为豫,受得火艾去根株。闻法若能自觉悟,定生净土会无余。

按:沙、吴《斯三》录作"譬如大病若为险,受得火艾去根株"。传世本《五会法事赞》作"譬如大病若为除,受得火艾去根株"。

---

① 《佛说给孤长者女得度因缘经》卷二,《大正新修大藏经》第 2 册,第 848 页。

据此,"**豫**"录为"险",误。该字当录为"除"。原卷"**豫**"有涂改,系在原抄错字形基础上重新写上正字。依轮廓依稀可识读出为"除"字。"除",《广韵》直鱼切,平声鱼韵澄母,与第二句"株"(平声虞韵)、第四句"余"(平声鱼韵)相谐。① 而"险"为咸摄字,语音相去甚远,无法入韵。句意上,"病"与"除"搭配连用,于意为安。

又"火艾"的"艾",即"艾"的俗体,见于《龙龛手镜·草部》。斯 318 号《洞渊神咒经·斩鬼品》"万民危厄,温炁,女人死,邓艾鬼主与刘升来行"之"艾"作"**芟**"。"火艾"指"灸疗的艾炷",以火艾辟邪消毒古已有之。"根株"在这里有双关意义。既可指表面的病灶根源,又暗指佛教中的"三根""三株"。《佛学大辞典》:"三根,谓贪嗔痴之三毒也。此三者能生恶业,故名为根"[2]324,又"三株,株者株杌,谓贪嗔痴之三毒。三毒深入而不拔如株杌也"[2]325。

结语

本文所释 Or. 8212/161《佛本生故事诗》虽与传世《五会法事赞》内容相近,可资参考,但由于抄写者学识不精,传世赞文也非全然无误,这就要求读者借助文字、音韵和训诂知识,翻检各类材料,考证字形、求出本字。从本文所涉校读结果来看,部分条目可以为西北地区俗字和语音的研究提供新的例证,具有重要的汉语史价值。由于笔者水平有限,文中不当之处,乞请方家不吝赐教!

参考文献

[1]沙知、吴芳思编:《斯坦因第三次中亚考古所获汉文文献(非佛经部分)》,上海辞书出版社 2005 年版。

[2]丁福保编:《佛学大辞典》,江苏人民出版社 2017 年版。

[3]黄征:《敦煌俗字典》(第二版),上海教育出版社 2019 年版。

[4]《大正新修大藏经》,(台北)财团法人佛陀教育基金会出版部 1990 年版。

---

① 邵荣芬指出,唐五代西北方音中鱼、虞部分字不分。详参《敦煌俗文学中的别字异文和唐五代西北方音》,第 193—216 页。

[5]罗常培:《唐五代西北方音》,商务印书馆2012年版。

[6]邵荣芬:《敦煌俗文学中的别字异文和唐五代西北方音》,《中国语文》1963年第3期。

[7]程同根编著:《敦煌草书大字典》,江西美术出版社2017年版。

[8]程同根编著:《敦煌行书大字典》,江西美术出版社2017年版。

[9]程同根编著:《章草大字典》,西泠印社出版社2009年版。

[10]孙隽主编:《中国书法大字典(草书卷)》,江西美术出版社2012年版。

[11]谷衍奎编:《汉字源流字典》,语文出版社2008年版。

[12]张铁山、赵永红:《古代突厥文〈占卜书〉译释》,《喀什师范学院学报(哲学社会科学版)》,1993年第2期。

[13]耿世民:《古代突厥文碑铭研究》,中央民族大学出版社2005年版。

[14]王继如、吴蕴慧:《敦煌文献通读字》,商务印书馆2022年版。

[15]张涌泉、张小艳、郜同麟主编:《敦煌文献语言大词典》,四川辞书出版社2022年版。

[16]张涌泉:《敦煌俗字研究》(第二版),上海教育出版社2015年版。

[17]赵红:《吐鲁番俗字典》,上海古籍出版社2019年版。

[18]周季文、谢后芳:《敦煌吐蕃汉藏对音字汇》,中央民族大学出版社2006年版。

作者工作单位：肖　瑜　广西师范大学文学院
　　　　　　　　莫小婧　广西师范大学文学院

近代汉语词语考辨

——以禅录文献为例*

龚元华　黄　辉

摘　要　禅籍语录往往是禅师用日常生活中十分通俗化的口语来引逗弟子对佛性的理解,是唐宋以来语言研究最有价值的语料之一。文章是在阅读禅宗文献的基础上,对禅籍语录中六则词义加以考辨,揭示它们在近代汉语时期的具体含义。

关键词　禅籍;考释;口语词

一、引言

二十世纪四十年代以来,禅籍语录受到国内语言学界的关注日有所增,并且也取得了一定的成绩。九十年代,袁宾先生《禅宗著作词语汇释》可以说是二十世纪国内学者对禅籍文献词汇研究的首部著作。此后,有关禅籍文献词汇研究的著作时有出版,如《禅宗词典》导夫先路于前,《禅籍方俗词研究》《禅宗大词典》踵事增华于后。禅籍语录反映的是近代汉语口语使用现状,对探讨汉语在唐宋以降的发展演变轨迹具有不可低估的作用。本文结合近代汉语语料,对禅籍语录中的六则词义加以考辨。

* 基金项目:本文系国家社科基金一般项目"宋元以来民间说唱文献字形合流及其音义匹配研究"(22BYY117)、国家社科基金后期资助项目"宋与明清十八部禅录异文的语言学考察"(18FYY029)、国家社科基金重大项目"宋元明清文献字用研究"(19ZDA315)的阶段性成果。

二、禅籍语录词义考辨例析

【胡】

李商隐《骄儿诗》有"张飞胡"一语,冯浩《玉溪生诗集笺注》卷二《骄儿诗》之"张飞胡"下注曰:"按:《南史》'(刘胡)本以面坳黑似胡,故名坳胡,及长,单名胡焉','张飞胡'义同,俗称黑张飞也,旧注误。"[①]《文渊阁四库全书》本朱鹤龄《李义山诗集注》卷三下《骄儿诗》之"或谑张飞胡"下注曰:"胡,多髯也。"[②]是冯浩注"胡"为黑,而朱鹤龄释作"多髯",后出大型字典辞书亦多据此而释。《汉语大字典》《辞源》《辞海》等依"骄儿诗"孤证释为"黑",而《汉语大词典》据此例却释为"多须"。看来释义并不统一。一些学者对"胡"为黑义,亦持批驳态度。《李商隐诗集疏注》对上举冯浩的观点持反对意见:"按:胡谓胡人,并无黑义,安能强事迁曲,以解此'胡'字。"[③]《李商隐诗歌集解》:"按:《南史》谓其面色坳黑似胡人,未谓'胡'即'坳黑'之义。"[④]

"张飞胡"之"胡"到底为何意义,这里不做探讨。我们讨论的是单音节词"胡"在汉语史上有没有"黑"这个义项,兹见下论。

《大正藏》四十七册《大慧普觉禅师宗门武库》卷一:"一日室中垂问云:释迦弥勒犹是他奴,且道他是阿谁? 觉云:胡张三黑李四。祖然其语。"(954/c)[⑤]禅语盖用"胡张三""黑李四"引逗直指人心,勘破表象,不因张三李四之别而不能鉴出本质。此处"胡张三"又有作"髯张三"者,如《卍续藏经》一百四十三册《指月录》卷二十八:"一日室中问云:释迦弥勒,犹是他奴,且道他是阿谁? 觉云:髯张三,黑李四。"(620/a)不管是"胡张三",还是"髯张三",

---

① 冯浩:《玉溪生诗集笺注》,上海古籍出版社1979年版,第416页。

② 朱鹤龄:《李义山诗集注》,《文渊阁四库全书》1082册,台湾商务印书馆1986年版,第213页。

③ 叶葱奇:《李商隐诗集疏注》,人民文学出版社1985年版,第568页。

④ 刘学锴、余恕诚:《李商隐诗歌集解》,中华书局1988年版,第867页。

⑤ 文中所引佛典版本如下:《大正藏》为1983年台北新文丰出版公司出版;《嘉兴藏》为1987年台北新文丰出版公司出版的《明版嘉兴藏》;《卍续藏经》为1995年台北新文丰出版公司出版。所引内容,a/b/c表示栏,前面的数字表示引文所在页码。

若理解为胡人张三或胡子张三,显然与后文"黑李四"不相对。"胡""黑"偶俪,则"胡"应该指代一种肌肤颜色。

值得注意的是,上揭"胡张三"异文恰有作"乌张三"者。《大正藏》四十七册《虚堂和尚语录》卷四:"祖一日室中,举释迦弥勒是他奴,他是阿谁。他下转语道:乌张三黑李四。五祖然之。"(1016/c)此正作"乌张三"。又《大正藏》四十八册《人天眼目》卷一:"与甚么人同得入? 汾云:鬼争漆桶,胡张三黑李四。"(305/c)此前有"漆桶",后为"胡张三""黑李四",则"胡""黑"为漆桶之色,即黑色也。

据此,禅籍语录中"胡张三"即"乌张三",就是黑张三,正与后文"黑李四"文义相偶。人皮肤黑可言"胡",不仅如此,但凡和黑色相关的,都可以用"胡"来命名。如下几例:

《史记·司马相如列传》"蛳胡毅蜼",集解引徐广曰:"蛳……似猨,黑身。"索隐引张揖曰:"獑胡似猕猴,头上有髦,腰以后黑。"[1]"蛳胡"之所以用"胡"为名,亦是因其身黑。

又《汉书·司马相如列传》"东薔雕胡",张揖注:"雕胡,菰米也。"[2]知菰米即雕胡米。杜甫《秋兴八首》:"波漂菰米沉云黑,露冷莲房坠粉红。"此用"沉云黑"来描写"菰米"之状,其色黑也。今市场上有售雕胡米,其色正黑。

鸟色黑,亦可用"胡"。《四部丛刊初编》本《酉阳杂俎》续集卷之四"贬误":"世说蓐泥为窠,声多稍小者谓之汉燕。陶胜力注《本草》云:紫胸、轻小者是越燕,胸斑黑、声大者是胡燕。"此即胸黑者为胡燕。

又宋本《太平御览》卷六七一道部十三"服饵下"引《上元宝经》:"火精水宝……水宝,胡麻也,性冷色黑而含泽,故谓之水宝。"此胡麻亦色黑。

又《四部丛刊初编》本《证类本草》卷二十二"蜣螂"下引《本草衍义》:"《衍义》曰:蜣蜋大小二种,一种大者为胡蜣蜋,身黑光腹。"知此胡蜣螂,即身为黑色。

---

[1]《史记》,中华书局1982年版,第3031页。
[2]《汉书》,中华书局1962年版,第2535页。

可见,"胡"确实是可以表黑色,禅籍文献的"胡张三"当即黑张三,与后文黑李四文义相偶,故而"胡"并非"并无黑义"。甚至今言被火灼烧而变焦黑亦可称"糊",即"胡"也。

"胡"表黑义,有说胡人色黑,故以为名,实不可据。我们推测"胡"有黑义与"乌"有关。"乌""胡"都是模韵字,声母虽有影、匣之分,但发音部位相同。影匣二纽从上古到中古以及在今天方言中关系都很密切。《俗书刊误》卷六《略记骈字》:"乌孙,国名,《吕氏春秋》作户孙。"① 今考"户孙"见于《淮南子·时则训》,《吕氏春秋》则无,盖焦竑记混。"户"是匣母模韵,"乌"是影母模韵,"乌"之作"胡"亦犹"乌"之作"户"。《齐民要术》卷二"胡麻第十三":"《汉书》张骞外国得胡麻,今俗人呼为乌麻者,非也。《广雅》曰:狗虱、胜茄,胡麻也。《本草经》曰:胡麻,一名巨胜,一名鸿藏。案:今世有白胡麻、八棱胡麻,白者油多。"以"胡麻"俗称"乌麻"为非,可能就是音误。又"莳",《广韵·齐韵》作"乌奚切",《集韵·齐韵》为"户礼切","乌""户"有匣影之分。又《庄子·齐物论》:"长梧子曰:是黄帝之所听荧也,而丘也何足以知之。"陆德明音义:"荧,音莹。"② 《集韵·迥韵》:"荧,或从玉,乌迥切。""荧"是匣母,"莹"是影母。《正字通·玉部》:"璧,于欺切,音衣。""于"是匣母,"衣"是影母。又明刊本《问奇集·各地乡音》"吴越":"黄为王,县为厌。"③ 表明明代"吴越"方音以"厌"为"县","县"是匣母,"厌"是影母。以上皆"匣""影"临纽通用例。

"乌""胡"因此可以形成异文。宋刻本《皇朝编年备要》卷二十八徽宗重和元年十二月:"是岁,女真阿骨打僭称帝国号金……女真妻之以女,生二子,其长即胡来也。"④ "胡来",《金史·本纪第一·世纪》作"乌鲁"。《蒙兀儿史记》卷七十五"乃颜哈丹列传":"哈丹迎战,败走,追至忽兰叶儿。"注曰:"地名,

① 焦竑:《俗书刊误》,《文渊阁四库全书》第 228 册,第 567 页。
② 陆德明:《经典释文》,中华书局 1983 年版,第 361 页。
③ 张位:《问奇集》,《四库全书存目丛书》经部 191 册,齐鲁书社 1997 年版,第 187 页。
④ 陈均:《皇朝编年备要》,《中华再造善本》"唐宋编",北京图书馆出版社 2004 年版。

见《伯帖木儿传》,今黑水府东北有瑚裕儿河,一称乌羽尔。"①"瑚""乌"即蒙语音译出现的异文。又《台州日报》载《胡村岭与乌狲岭》一文,提到台州下辖有地名"乌狲岭",得名之由实则"猢狲"。②董志翘先生指出"猴孙"可转写作"猢狲""胡孙""滑孙""活狲"。③基本可以推断当地认为"乌狲"与孙悟空有关,实际上就是"猴孙",亦即"胡孙"。《白汉词典》指出白语古汉语借词"胡"读"wu",体现的亦是方音演变情况。④上揭"胡"表黑义可能就是来源于"乌",禅录"胡张三"异文作"乌张三"便是最好的证明。⑤

【闻】

《大正藏》五十一册《续传灯录》卷二:"有沙弥无多闻性,而事师谨愿。师怜之作偈使诵,久当聪明。偈曰:大智发于心,于心何处寻;成就一切义,无古亦无今。于是世间文字语言一览诵念无所遗忘。偈语章句援笔立就。"(481/a)"多闻"一般是指见闻广博,但是除此之外,"闻"还有表记识、记性之义,上揭"有沙弥无多闻性"即其例。"有沙弥无多闻性","闻"即记性,"多"表程度,说的是有一沙弥记性不好,其师作偈令其记性大增,所览无所遗忘。如果说这个例子释"闻"为记忆稍嫌寡薄,那下面这几例则是最好的证明。

《卍续藏经》一百四十八册《林间录》卷一:"有比丘根钝,无多闻性。佛令诵苕帚二字,日夕诵之,言苕则已忘帚,言帚则又忘苕,每自克责。"(607/b)此处是说一比丘连苕帚二字都记不住,或言苕忘帚,或言帚忘苕,故曰其"无多闻性"。显然"无多闻"就是记性不好。再如《卍续藏经》一百三十七册《禅

① 屠寄:《蒙兀儿史记》,上海书店、上海古籍出版社1989年版,第503页。
② 详见《台州日报》2016年6月22日第4版《胡村岭与乌狲岭》,文中提到"乌狲岭"得名之源是孙悟空出道后在此岭下石头休息,后人称猩猩石,并在当地修炼,保一方安宁。据此,"乌狲"即"猢狲"无疑也,盖当地古时有猕猴(猕猴即猢狲),后人附会神话得名。
③ 董志翘:《汉文佛典中"猴狲"之"狲"的语源——兼谈"孙悟空"何以姓"孙"》,《苏州大学学报(哲学社会科学版)》2020年第3期。
④ 赵衍荪、徐琳编著:《白汉词典》,四川民族出版社1996年版,第473页。
⑤ 此条内容,曾在"中国语言学会历史语言学分会第三届年会"(2024年)上宣读,方一新、汪维辉、朱冠明等先生提出了宝贵意见,在此谨致谢忱。

林僧宝传》卷二十七:"嵩生而多闻,好辩而常瞋。死而火之,目舌耳毫为不坏。"(547/a)"嵩生而多闻"是说嵩禅师自出生就记性好,聪明。若此处"多闻"表见识广,则"生而多闻"不合情理矣。又《卍续藏经》一百一十四册《祖庭钳锤录》卷二:"堂谓曰:平生学解记忆多闻,即不问。汝父母未生已前,道将一句来。"(766/b)"记忆"与"多闻"连用,是"多闻"即记忆也。又《卍续藏经》九十册《楞严经讲录》卷四:"故知菩提涅盘,非汝历劫辛勤多闻记持者所能修证也。"(19/b)"多闻""记持"连文,义同。例多不备举。

据上,则"闻"除了表见闻之义,还可表记忆、记持。

另外,"闻"还有感受、感知义。《大正藏》本《续传灯录》卷二十五:"僧问:祖师心印,请师直指。师曰:尔闻热么?曰:闻。师曰:且不闻寒。曰:和尚还闻热否?师曰:不闻。曰:为甚么不闻?师摇扇曰:为我有这个。"(638/b)此"闻热""闻寒"之"闻"显然都是感受的意思。盖"闻"本为听觉闻知,引申为感知、感受。又《四库全书》本《性理大全书》卷三十五性理七"仁"下:"上蔡以知觉言仁。只知觉得那应事接物底,如何便唤做仁!须是知觉那里,方是……那不闻痛痒底,是不仁;只觉得痛痒,不觉得理底,虽会那一等,也不便是仁;须是觉这理,方是。"[1]此谈知觉为仁,前言"不闻痛痒底",后言"只觉得痛痒","闻""觉"近义相对,是"闻"即感受义。

【转】

《卍续藏经》一三八册《五灯会元》卷十四:"若见得彻,不出户身遍十方,未入门常在屋里。其或未然,趁凉般取一转柴。"(539/a)"趁凉般取一转柴",此文义不难索解,盖引逗僧徒用"般(搬)柴"来破除虚妄,直指内心,回归自我,终了达到"见得彻",方能成佛。此"转"字,显然作量词修饰柴火,用法罕见。又《大正藏》五十一册《景德传灯录》卷十七:"师先住隋州土门小青林兰若,后果回洞山接踵。凡有新到僧,先令般柴三转,然后参堂。"(338/b—c)"先令般柴三转"即先令搬柴三捆之类,此处内容《嘉兴藏》四十册《斗南暐

---

[1] 胡广:《性理大全书》,《文渊阁四库全书》710册,第794页。

禅师语录》卷二引此作："又举青林和尚,凡僧参见,先担柴三转,方乃入堂。"（311/b）此作"担柴三转",是"转"用于表示柴火数量。又如《卍续藏经》一百一十八册《古尊宿语录》卷十八："（师）问僧:甚处来? 僧云:般柴来。师云:般得多少转一宿觉? 僧云:二十转。"（382/a）

通过以上例证我们不难发现,"转"字确实可用作表示柴火数量的量词。翟灏《通俗编》卷三十二《书目》下有："一转,李诩《俗呼小录》:湖州以桑叶二十斤为一个,杭州以柴四圆箍为一转。"[1]据此,则"转"作柴火量词之用,盖为杭州一带方言。实际上,"转"表量词,非禅籍文献仅见,道家炼丹次数亦可用转,如"九转还魂丹",此用法《汉语大字典》已有载录。

【亚】

《大正藏》五十一册《续传灯录》卷三十二下："喜拈竹篦劈脊连打三下,师于此大悟,厉声曰:和尚已多了也。喜又打一下。师礼拜。喜笑云:今日方知吾不汝欺也。遂印以偈云:顶门竖亚摩酰眼,肘后斜县夺命符;瞎却眼卸却符,赵州东壁挂葫芦。"（687/b）"顶门竖亚摩酰眼","摩酰眼"本指佛教中天神摩酰首罗,其有三只眼,第三只眼竖立在额门上,有强大法力,是能够看见事物本来面目的慧眼,故禅宗文献中常常以"摩酰眼"寓指大智慧眼、法眼,能透破尘俗妄见,顿悟成佛。"顶门竖亚摩酰眼"即脑门上"竖亚"着慧眼、法眼,"竖亚"近义连文,是竖立的意思,请看下例。

"顶门竖亚摩酰眼"异文有作"顶门卓竖摩酰眼"者,如《嘉兴藏》三十三册《自闲觉禅师语录》卷五："顶门卓竖摩酰眼,三会三登迈雪峰;德合乾坤弘祖道,超宗异目起纲宗。"（552/c）是则"竖亚""卓竖"同,"卓""亚"皆为竖立义。又《卍续藏经》一百一十九册《续古尊宿语要》卷四："师住泉州光孝,判府请开堂。祝圣拈香,白槌罢,师乃云:唤什么作第一义,莫有傍不甘者么? 出来道看。时有僧出问:顶颡摩酰眼卓竖。师拈拄杖卓云:住住。"（49/b）"顶颡摩酰眼卓竖"与上揭"顶门竖亚摩酰眼"文义相类,"卓竖""竖亚"同。《禅

---

① 翟灏:《通俗编》,商务印书馆1958年版,第724页。

宗大词典》释"竖亚"为"竖着嵌入"。

另外,"亚"可与"竖"近义相对。《永乐北藏》一百五十四册《宗门统要正续集》卷一《续集宗门统要序》:"忍纷然其看乱,将持此以安归?向非古林竖硬脊梁、亚摩醯眼,施胆力于威音色相之上首,澡肝膈于饮光顶颢之最初。"(467/a)"竖硬脊梁""亚摩醯眼","竖""亚"近义相对,"亚"即竖也。《禅宗大词典》释"竖亚"为"竖着嵌入"。

上举"竖亚摩醯眼"可单用"亚"字,如《嘉兴藏》三十八册《大悲妙云禅师语录》卷六:"每听狮音喧宇宙,尝看法语外蹄筌;羡君独亚摩醯眼,使我深思济北拳。"(472/a)。又可单用"竖"字,如《嘉兴藏》三十八册《莲峰禅师语录》卷二:"霜剑西堂为师祝寿,请上堂云:顶竖摩醯眼,肘悬续命符;江山轻踏断,森罗属指呼。"(328/a—b)。

据上,禅籍文献中"竖亚"近义连文,"亚"有竖立、竖起之义。别处用例如《嘉兴藏》三十七册《古宿尊禅师语录》卷二:"东和信士和养吾设斋,请上堂,僧问:横抽宝剑,竖亚神锋,如何是万象之中独露身?"(417/b)"竖亚神锋"即竖起、竖立神锋。

【攧】

《卍续藏经》一三七册《嘉泰普灯录》卷二十:"云:云门放洞山三顿棒,意旨如何?曰:和身倒,和身僻。"(286/a)"和身僻",《卍续藏经》一百三十八册《五灯会元》卷二十作"和身攧"(812/b),此处禅意寓指对外在行为不作区别判断,放弃自我执着心。我们再来看看以下用例。《卍续藏经》一百二十一册《松源崇岳禅师语录》卷一:"上堂:文殊普贤,东倒西攧;泥猪疥狗,成群作队。"(588/a)"东倒西攧""成群作队"结构并列,倒""攧"近义对举,"东倒西攧"盖东倒西歪,寓指破除对外在形态表面认知,直达内心。又《卍续藏经》一百四十四册《教外别传》卷五:"山僧只养得一头驴,一向东倒西攧,顺时一日何啻千里万里,拗时直是一步不移。"(82/a)此"东倒西攧"亦似为东倒西卧之义,寓指表象多变。又《嘉兴藏》三十六册《蔗庵范禅师语录》卷二:"明安曰:直饶不出门,亦是草漫漫地,多因留别意,得写送行诗,三个老子寻常气陵今古，门墙峭峻，一切人攀揽不及；到此时节，为甚大家向草窝里东倒西擂。"（903/a）"向草窝里东倒西擂"即向草丛中倒下，"擂"同"擂"。又《四库未收书辑刊》本《博斋集》卷下《自题》："拖犁曳耙已多年，想负丛林债亦填。鼻也破，蹄也穿，骨瘦不胜鞭。而今秪可休将去，青草岸，绿杨湾。倒擂横眠，左肋下也不书姓字，任诸方打瓦以敲砖。""倒擂"连文，"倒擂横眠"即倒卧横眠。又《朱子语类》卷六十一《万章问孔子在陈章》："乡原是个无骨肋底人，东倒西擂，东边去取奉人，西边去周全人，看人眉头眼尾，周遮掩蔽，惟恐伤触了人。"朱熹是说"乡原"是个老好人，无立场原则，墙头草，左倒右倒，故"东倒西擂"即东倒西卧。徐时仪先生指出《朱子语类》中："有'东驰西骛、东倒西擂、东扶西倒、东解西模、东看西看、东去西去、东撞西撞'等，这些四字词结构前后两截在内部的结构关系上表现出高度的一致性，有着均衡对称的结构特点。"①正好说明"东倒西擂"之"擂"与"倒"词义相近或相反。

无独有偶，恰好"擂"异文有作"歪"。《卍续藏经》一百一十二册《列祖提纲录》卷四十一："三家村里，臭老婆左涂右抹；十字街头，廖胡子东倒西擂。且道是什么人分上事？"（770/a—b）与此类似之文有《嘉兴藏》四十册《磬山牧亭朴夫拙禅师语录》卷一："西街廖胡子东倒西歪，东村王大姐口里酒气逼人。"（501/a）两相比较，"东倒西歪""东倒西擂"同，"擂"即歪斜义。"东倒西擂"或作"东倒西儽"，《大正藏》四十七册《大慧普觉禅师语录》卷七："将谓有法与人，问着却言不会，引得后代儿孙尽作韩獹逐块。虽欲扶竖宗乘，奈何东倒西儽。"（838/b）前言"扶竖"，后及"倒儽"，明其歪斜倒下也。又作"东倒西擂"，《卍续藏经》一百一十五册《宗门拈古汇集》卷九："在山僧只养得一头驴，一向东倒西擂。"（622/a）又作"东倒西傿"，《卍续藏经》一百三十七册《嘉泰普灯录》卷十八："如牛拽磨，似水打碓，三千里外逢人东倒西傿，十字街头遇贱则贵。"（262/b）或作"东倒西儡"，《卍续藏经》一百二十三册《石溪心月禅师语录》卷一："拈法衣：披牯牛皮，辊瞎驴队，带水拖泥，东倒西儡。"

---

① 徐时仪：《〈朱子语类〉词汇研究》，上海古籍出版社 2013 年版，第 240 页。

(44/b)《汉文佛典疑难俗字汇释与研究》认为此例:"儡即攂字……'东倒西攂'乃到处闯荡、到处撞之义。"①

　　以上"攂""擂""儡""儽""攂""儡"皆同,我们认为其义即歪斜倒卧。从语源来看,从"畾"得声之字多有下垂义。《说文·人部》:"儽,垂貌。",又:"儡,相败也。"引申为颓败,《史记·孔子世家》"纍纍若丧家之狗","纍纍",《孔子家语·困誓第二十二》作"纍然",《白虎通德论》卷八《寿命》作"儡儡",《论衡》卷三《骨相篇》作"傫傫",《白氏六帖事类集》卷二十九《狗第六十七》作"累累",《韩诗外传》卷九作"羸乎"。禅录"东倒西攂"盖从垂落引申为歪斜倒卧。今湖南麻阳方言凡事物滚动、人畜斜倒、房屋歪塌皆曰[luei51],客家方言物体滚动曰[le35]②,温州话滚动曰[lai11]③。

【短贩】

　　《大正藏》五十一册《景德传灯录》卷二十八:"君王命而不来,诸侯请而不赴。岂同我辈贪名爱利汩没世途,如短贩人有少希求而忘大果。"(444/c)单凭此例上下文义,实难考知"短贩"一词所表含义。

　　实际上,"短贩"应是唐宋以来的口语词,指商人个体零散售卖物品,本薄利多,在短期内获取巨大利润。施之于禅籍文献,寓指仅得一知半解,却急功近利马上要求禅师印可自己已经顿悟。请看以下用例。

　　《全唐文》卷七十八唐武宗《加尊号赦文》:"自今已后,委本司条疏,应属三司及茶盐商人,各据所在场盐正额人名,牒报本贯州县,准勒文处分。其茶盐商,仍定觔石多少,以为限约,其有冒名接脚、短贩零少者,不在此限。"④此例表明,至迟在唐代已有"短贩"一词,"短贩""零少"连言,是"短贩"即今零售之义。又《皇明经世文编》卷三百八十六《条议茶马事宜疏·茶马》:"近年以来,积习因循,府州县正官不肯经心料理,率多转委首领,受贿容情,以致

---

① 郑贤章:《汉文佛典疑难俗字汇释与研究》,巴蜀书社2016年版,第59页。

② 罗美珍、林立芳、饶长溶主编:《客家话通用词典》,中山大学出版社2004年版,第133页。

③ 游汝杰、杨乾明编纂:《温州方言词典》,江苏教育出版社1998年版,第243页。

④ 董诰:《全唐文》,中华书局1983年版,第814页。

奸商假以附茶为由,任意夹带,恣情短贩,甚至汉中盘过,有二三年不到茶司者……挨次每引一起发运,不许零散参差,以防夹带,仍差人押送前途,刻期销缴,不许任意耽延,短贩作弊。"①此两用"短贩",皆与"夹带""零散"而言,则知"短贩"即商贩零散售卖。又《宋元学案》卷四十八:"夫主静一语,单提直入,惟许濂溪自开门户,而后人往往从依傍而入,其流弊便不可言。幸而得,亦如短贩然,本薄利奢,叩其中藏,可尽也。"②此虽以"短贩"为喻,后言"本薄利奢",亦足知"短贩"之事,本薄利多也。

以上大概弄清了"短贩"之义,施之于禅籍文献,则寓指僧人参禅急功近利,仅得一知半解,却马上要求禅师印可。《卍续藏经》一百二十册《长灵守卓禅师语录》卷一:"(卓和尚)一日辞去,灵源送以偈,其字略曰:居无二志,动必全心,遂越化城,以登宝所。而卷舌冥怀,不事谈耀,故其所到,人或罕知,予独观其无今时学辈短贩近图之患,谓可以步修途而加鞭,绝纤意于百年也。"(334/a—b)此偈是灵源禅师对卓和尚的高度评价,言卓和尚潜心研习佛法,不矜伐谈耀所得,没有时下禅师"短贩进图之患"。此"短贩""进图"连文,其义必近,说的就是卓和尚不像时下禅师急功近利,得一知半解,即矜伐所悟以求印可。又《卍续藏经》一百四十三册《指月录》卷九:"又云:他古德道人,得意之后,茅茨石室,向折脚铛中煮饭吃过三二十年,名利不干怀,财宝不为念,大忘人世,隐迹岩丛,君王命而不来,诸侯请而不赴,岂同我辈贪名爱利,汩没世涂,如短贩人。"(203/b—204/a)此言古德道人沉隐于世不为利动,不为财念,不像我辈俗人追名爱利,如"短贩"之人一样。此言"短贩"指的就是商贩求利。

三、结语

以上通过列举禅籍语录本身及以外的语料考辨了六则禅籍词义,从中可以看出禅籍语录所反映的近代汉语口语使用现状。禅籍语言出现于中古汉语

---

① 陈子龙:《皇明经世文编》,《续修四库全书》1661册,上海古籍出版社2001年版,第42页。
② 黄宗羲:《宋元学案》,浙江古籍出版社1992年版,第833页。

向近代汉语发展的过渡时期,这一时期,汉语词汇、语音、语法等成分及结构方式都发生了或多或少的变化。能反映这一时期语言特点的语料,包括如下几种:敦煌变文及曲子词,禅籍语录及宋儒语录,宋元话本,明清小说,等等。在这些语料当中,俚俗、淳朴的禅籍语录独具特色,是近代汉语研究的宝贵资料,更是汉语史研究极具价值的语料,同时对修订大型字典辞书亦具有非常重要的作用。

作者工作单位:广西大学文学院

元刊杂剧名物词
"马鏅环""草团蕈"考源*

张莹莹

摘　要　元刊杂剧中存在一些语义不明、语源不清的词语,其中便有一些名物词。正确理解这些名物词,对语言学、文学、历史学乃至民俗学研究都有重要意义。在参考戏曲文献用例的基础上,结合语言学证据,对"马鏅环""草团蕈"两个名物词进行了考察,发现"马鏅环"即"马衔环",义为"马嚼子","鏅"为"衔"的换声符俗字;"草团蕈"有众多书写形式,符合语源的字形当为"草团蕉"。

关键词　元刊杂剧;马鏅环;草团蕈

作为目前唯一可见的元刊本杂剧,《元刊杂剧三十种》是元曲研究难得的同时材料,具有重要的文学、语言学研究价值。王国维、郑骞、徐沁君、宁希元、王季思等前辈学者已经做了全面的整理、校勘工作,并取得了丰硕的成果。[①]但由于文字异写、音借现象非常普遍,元刊本戏曲中还存在一些尚未得到确诂或来源不明的词。

今以《古本戏曲丛刊》四集影印元刊本[②]为底本,参考各校本,利用俗书字形、据语音系联的相关用例,再结合传世文献、出土文物等对元刊本元曲文献

---

*　基金项目:本文为江苏省高校哲学社会科学一般项目"《元刊杂剧三十种》文本整理与词汇研究"(2022SJYB0549)、国家社科基金重大项目"宋元明清文献字用研究"(19ZDA315)的阶段性成果。

① 具体成果主要包括,王国维:《元刊杂剧三十种序录》,《王国维先生全集(初编)》,大通书局1976年版;郑骞:《校订元刊杂剧三十种》,世界书局1962年版;徐沁君:《新校元刊杂剧三十种》,中华书局1980年版;宁希元、宁恢:《元刊杂剧三十种新校》,兰州大学出版社1988年版;王季思:《全元戏曲》,人民文学出版社1999年版。

② 《古本戏曲丛刊》,上海古籍出版社1954—2016年版。

中的名物词"马鑭环""草团蕙"的确切含义和来源进行探讨。

1.马鑭环

《古杭新刊关目霍光鬼谏》第四折【新水令】："冷飕飕风摆动引魂旛(幡)，也是我为国家呵一灵儿不散。高挑起纱照道，轻摆着马**鑭**环。我待学垒卯(卵)攀栏，将我那有仁德帝王谏。"(中册/144 页)[1]

按："**鑭**"字，徐沁君校为"铡"[2]，宁希元校作"鑭"[3]。从字形来看，"**鑭**"无疑当录作"鑭"。《汉语大词典》收录"鑭"字，但标注"义未详"。在实际用例中，"鑭"常作为"铡"的异写，如元刊本《新刊的本薛仁贵衣锦还乡关》第四折【庆宣和】："俺家里没甚草料多，那里取槽**鑭**？"(中册/147 页)脉望馆钞校本《古今杂剧》阙名撰《赵匡胤打董达杂剧》第四折："郑恩云：我夺了这鑭刀，丢了这棍兀。那泼男女听着，一个人来一个死，两个人来一双亡。"不过，《霍光鬼谏》的"马**鑭**环"不当校作"马铡环"，一则不合句义，二来在文献中也暂未见"马铡环""马铡""铡环"等相关用例。

"马鑭环"在其他文献中还有很多用例，如脉望馆钞校本《古今杂剧》元关汉卿《钱大尹智宠谢天香》第四折："你去当街里，拦住新状元柳耆卿，道钱府尹请状元。他若不肯来时，你休放了马鑭环，好歹请他来。若来时，报的老夫知道。"(37 页)《永乐大典》卷五千二百四十四《薛仁贵征辽事略》："仁贵大怒曰：'尽力者是谁？受赏者何人？'仁贵行步如飞，拽住马鑭环，叫怀玉：'咱两个只到皇帝根前理会去来，看这功是谁的？'不由怀玉，拖得奔内门来。"(17 页)

从文意来看，以上用例中的"**鑭**"(鑭)当为"衔"的俗写。在《中原音韵》音系中，"衔"为晓母监咸韵。"鑭"以"前"为声符，"前"在《中原音韵》中为清母先天韵。两者韵近，易发生旁转。监咸韵与先天韵相混在元刊元曲中还

① 本文所引戏曲文献资料主要来源于《古本戏曲丛刊》四集影印本，例句后附页码。
② 徐沁君：《新校元刊杂剧三十种》，第 581 页
③ 宁希元、宁恢：《元刊杂剧三十种新校》，第 104 页。

有其他用例,如元刊本《新刊的本薛仁贵衣锦还乡》第四折【太平令】:"直等我秋成收罢,去(取)扅(扇)钱与一窝麻,怕少时明年添与两担瓜。"(中册/48页)"扅(扇)"是"三"的音借字,这是用先天韵的字代替监咸韵的用例,与用"鍪"代"衔"的情况一致。在其他文献中也有两韵相混的例子,如宋袁说友等编《成都文类》卷四十《通真观舍田记》:"后二年,予自蒲顿衔檄成都校艺秋官来山中,斤斧丁丁,土木之功过半,已郁郁有气象矣。"赵晓兰指出:"'衔',原作'沿',据四库本改。"[1]与"前"相同,"沿"也为先天韵。在声母方面,晓母与清母所属的喉音、齿头音发音部位相近,在元刊元曲中也有相混的用例,如《新刊关目萧何月夜追韩信》第二折【新水令】:"恨天涯流落客孤寒,叹英雄半世取幻。"(下册/62页)此处以清母字"取"记录晓母字"虚"。因此,"鍪"与"衔"有相混的语音基础。

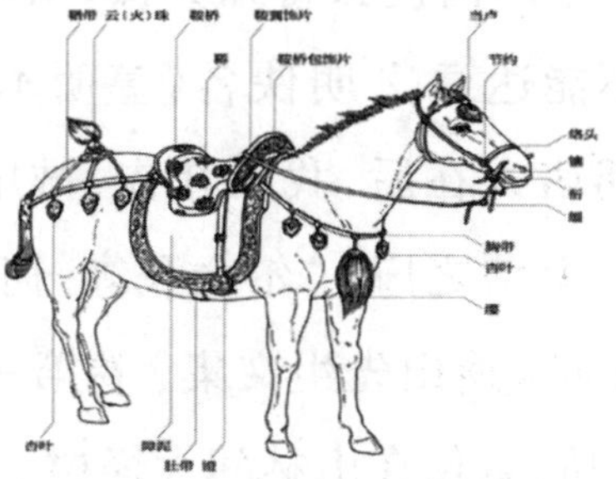

(图1.1) 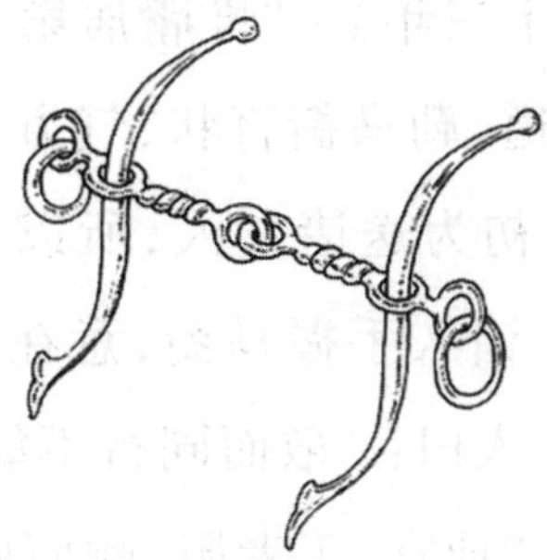　　　　　　　　　　　　(图1.2)

从名物角度来看,"马鍪环"当指马头上控制马的物件,而马身上具有此种功能的配件只有"马衔"。《说文》金部:"衔,马勒口中,从金从行。衔,行马者也。"段注:"马勒口中也。'也'当作'者'。革部曰:'勒,马头落衔也。'落谓络其头,衔谓关其口,统谓之勒也。其在口中者谓之衔。落以络为之,络,生革也。衔以铁为之,故其字从金。引申为凡口含之用。从金行,会意。户监切。盖金亦声。在七部。衔者,所以行马者也。'所以'字今补。凡马提控其衔以制其行止。此释从行之意。"杜文玉等提到:"考古发掘证明,突厥人早已使用了马衔,而且是铁制的,成对,但不完全相称,衔有两环,环端

---

[1] 袁说友等编,赵晓兰整理:《成都文类》,中华书局2011年版,第787页。

穿孔系带。带扣由铁、铜或骨制作,扣里有活轴,使带可松可紧。"①刘永华《中国古代车舆马具》附有马具图,如图1.1;也展示了唐代以后"衔、镳"②的出土文物,如图1.2。③

"马衔"在文献中多见,如《史记斠证》卷十八《高祖功臣侯者年表第六》:"二月辛亥,侯靳彊元年","案……《百官表》作'蕲彊',蕲、靳古亦通用,《文选》张平子《西京赋》:'结驷方蕲。'薛综注:'蕲,马衔也。'训为'马衔',则是靳之借字(朱骏声《说文通训定声》有说)。此蕲、靳通用之验矣。"④在文献中也有不少与《钱大尹智宠谢天香》"你休放了马鏁环"、《薛仁贵征辽事略》"拽住马鏁环"相近的"马衔"用例,如唐白居易《东城晚归》:"一条邛杖悬龟榼,双角吴童控马衔。"《金史·完颜白撒列传》:"完颜仲德持御马衔苦谏曰:'存亡在此一举,卫州决不可攻。'"明陈建《皇明通纪·启运录卷之六·庚申 洪武十三年》:"惟庸居第近西华门,守门内使云奇知其谋,乘舆将西出,奇走冲跸道,勒马衔言状,气方勃,舌駃不能达意。"明佚名《皇明本纪》:"上谓彼曰:'初为送诸友人,所以远行,不期诸人在后,我反在先,城中之斗,吾安能知?'诸人手握马衔,意在羁以随行,上谓之曰:'尔众我寡,何如是之行耶?'中一人曰:'散而同行不妨。'"元好问《遗山先生文集》卷第三十四《朱繇三官》:"地官,王者服,颜而威重,乘白马,队仗在山林间大怪树之下。两力士捉马衔,施绛伞,两团扇障之。扇前一卫士轻行,一皂衣使者前导。"

从异文来看,"马鏁环"即"马衔环"。明张禄《词林摘艳》卷八《梁州》:"火猢狲生扭断铁锁,火骡子硬顿断鏁环。"此句在《雍熙乐府》卷九【南吕·一枝花】作:"火猢狲生扭断铁索,火驴子顿断了嚼环。"从文献记载来看,"嚼环"即"衔环"。如《本草纲目拾遗·金部·马口铁》指出:"一名马衔铁,乃马

---

① 杜文玉等编著:《图说中国古代兵器与兵书》,世界图书出版公司2007年版,第140页。

② "衔"与"镳"浑言不别,析言则异。对于这一点,古人已经指明,如《说文》金部:"镳,马衔也,从金麃声。"

③ 刘永华:《中国古代车舆马具》,清华大学出版社2013年版,前言X1,第269页。

④ 王叔岷:《史记斠证》,中华书局2007年版,第838页。

口中嚼环是也。"《金瓶梅词话》第八回:"向前一把手,把马嚼环扯住。"既然"嚼环"的语义与"衔环"同,而"嚼环"又与"鎙环"异文,因此可以推断,"鎙环"即"衔环"。

因此,从语音、语义、用例、异文等证据来看,"马鎙环"即"马衔环"。"鎙"当为"衔"的换声符俗字。文献中"马衔环"少见,究其原因,可能是文献记载过少或是由于这种称呼通行范围不广。

2.草团虆

《新刊关目马丹阳三度任风子》第四折【新水令】:"编四围竹塞(寨)篱,盖一座草团 虆(虆),枕着野水横桥,不听的红尘内是非闹。"(上册/120页)

按:"虆"(虆),《元曲选》本《马丹阳三度任风子》作"瓢"。"团虆"在文献中仅此一见,该词多写作"团標""团瓢""团焦"。①

"团標"的用例如《太平乐府》卷一孙周卿小令《古邠人》【自乐】:"草团標正对山凹,山竹炊粳,山水煎茶。山芋山薯,山葱山韭。"《乐府新声》卷上【六幺序】:"过清风皓月溪桥,柴门掩上无锁钥,自颠狂自歌自笑。天地如我这草团標。"明正统道藏本元彭致中《鸣鹤余音》卷六《行香子》:"寥寥寂寂,洒洒潇潇。淡生涯,一味逍遥。傍临谷口,斜枕山腰。有竹篱门,荆扫箒,草团標。"

"团瓢"用例如脉望馆本元关汉卿《裴度还带》第三折【醉太平】:"这一座十疏九漏山神庙,如十花九列寒冰窖,似十摧九榻草团瓢,比着那漏星堂较少。"(94页)《四部丛刊续编》影明嘉靖刻本《雍熙乐府》卷十一【新水令】《乐道》:"对青山盖一座草团瓢,伴琴棋古书茶药。门前栽野杏,院后种山桃。"《六十种曲》明徐复祚《投梭记》下第十七出《约社》【小桃红】:"匡君何日此游邀,千载青不了也。向幽深中结成一座草团瓢,日对着石门椒。浪夸他紫烟生,红雨飘,仙坛净玉京近也,都收入竹几吟毫。"(69页)脉望馆本《朱砂担滴

---

① 《汉语大词典》已收录。

水浮沤记杂剧》头折宾白："我如今赶去，若赶的上呵，万事罢论；若赶不上呵，回来一把火烧了你这草团瓢，把你一家儿都杀了。"（28页）

"团焦"用例如《北齐书·神武帝纪上》："后从荣徙据并州，抵扬州邑人庞苍鹰，止团焦中。每从外归，主人遥闻行响动地。苍鹰母数见团焦赤气赫然属天。又苍鹰尝夜欲入，有青衣人拔刀叱曰：'何故触王！'……虽门巷开广，堂宇崇丽，其本所住团焦，以石垩涂之，留而不毁，至文宣时遂为宫。"元王恽《纪梦》："余逐蛇前行，相去数步外，因取碎甓掷之者再。既而余入一团焦避之，蛇复来集，其首已化为马。"明屠隆《栖真馆集》卷八七《赠张芊斋道友》："年来若问幽栖事，坐拥团焦独掩门。"明王世懋《王奉常集》卷四十九《书山园诸记后》："逮晚而获遭上真团焦斗室，凡诸奇胜之好一切罢遣，而仅余其成风之腕自随。"

关于三者的关系，前人已有不少讨论。如明张自烈《正字通》卷二："又草舍曰团焦，即团標，俗作团瓢。"《正字通》卷五："标，彼妖切……又萧韵，音瓢。焦竑曰：'团標今曰团瓢，谓一瓢之地也。'又团焦。"明方以智《通雅》卷三十八《宫室》："团焦，团標也。《北齐书》：'神武徙并州，抵邑人庞氏团焦中。'团標也。焦弱侯曰：'標音瓢，今人曰团瓢，谓为一瓢之地也。'"今人岳国钧主编《元明清文学方言俗语辞典》收录"团瓢"和"草团瓢"，释义为"圆形草屋"，将"草团標""团標""草团瓢"等看作同词异写。[1]《汉语大词典》也将"团標""团瓢"看作"团焦"之音转。

关于{团瓢}[2]虽有如上讨论成果，但少有学者讨论该词的语源。前人多将"团焦"看作最初用字。实际上"团焦"之"焦"并非本字，本字当为"蕉"。古人对此也有质疑，如清王鸣盛《十七史商榷》卷六十六"团焦"："团者，圆也。《魏志·管宁传》注：'焦先居瓜牛庐。'盖圆如瓜牛，疑团亦此意。若焦则焦灼之义，似不当为房屋之名。王志坚《名句文身表异录》第四卷《宫室部》引此而解之云：'团焦，即今所云团瓢也。'瓢亦不当为房室之名，吴下土俗语岂可

---

① 岳国钧主编：《元明清文学方言俗语词典》，贵州人民出版社1998年版，第608、1032页。
② 本文以{X}来记录词，以"团焦""团瓢""团標"等表示具体的书写形式。

以证北魏时语。或云当作'蕉'。《说文》艹部:'蕉,生枲也。'存疑。"①清陈恒庆《谏书稀庵笔记》"团焦"条:"《阅傲草堂笔记》及《聊斋》,每用'团焦'二字。或云'焦'应作'蕉',非也。"前者对"焦"当为"蕉"存疑,后者则否定了这一观点。

如下证据表明,"团焦""团瓢""团標"等都是"团蕉"的记音形式。

首先,语义场中有相同构词方式的词作类比。{团瓢}义为"圆形草屋"。清《御制诗二集》卷六十一《古今体八十九首·长沟》:"风吹陌柳雪余坡,迤逦长沟策骑过。底识年来增户口,草团瓢较向时多。"原文注释:"易州房山一带村民率结小圆茅庐居之,谓之草团瓢云。"在汉语史中,还存在"团茅""团苞"等义为"圆形草屋"的词。②从构词方式来看,"团茅""团苞"都是"形状+建筑材料"组成的定中式词语,且建房材料皆为某种草料。正如王鸣盛所疑,"焦""瓢""标"都无法表明建房材料。因此可以推断,{团瓢}一词的第二语素应可表示一种建房材料。《说文》艹部:"蕉,生枲也。从艹焦声。"段注:"生枲也。枲麻也。生枲谓未沤治者。今俗以此为芭蕉字。"无论"蕉"为"生枲"还是"芭蕉",都是可被用作建房材料的草类植物。

其二,地方志有用"麻"或"芭蕉"作为建房材料的记录,现代社会也还有这种习俗的遗留。曲洪祎《记住乡愁:山东乡情展馆》:"因为草可以自备,而且草房顶要比瓦轻得多,因而对梁、檩的要求也不高,当地谚语云:'权首顶住墙,麻秆能当梁。'"③也有用芭蕉叶造房的,如叶大兵、乌丙安《中国风俗辞典》"芭蕉房"条:"芭蕉房,旧时拉祜族民居。流行于云南哀牢山脉无量山脉和澜沧江两岸山区、半山区。用木杆或竹子搭成屋架,矮小、狭窄、简陋。以芭蕉叶或竹叶盖屋顶,由于叶子容易干枯,所以每隔一个多月就要重盖一次屋顶。屋顶形式有一面斜坡的,也有人字形的……"④张作为《原林深处》:"苦聪人被

---

① 王鸣盛:《十七史商榷》,中华书局 2010 年版,第 878 页。

② 《汉语大词典》已收录。

③ 曲洪祎编著:《记住乡愁:山东乡情展馆》,山东人民出版社 2016 年版,第 40—41 页。

④ 叶大兵、乌丙安主编:《中国风俗辞典》,上海辞书出版社 1990 年版,第 445 页。

迫在深山里流浪,苦聪人无奈在老林中躲藏,吃的是兽肉、野苹果呵,住的是岩洞、芭蕉房。"①可见,"蕉"可用于建造房屋。在古文献中也有用芭蕉建房的记录,如明徐熥《幔亭集》卷五五《苦雨》:"竹径坐来恶,蕉房听可怜。因之废栉沐,白日枕书眠。"清詹应甲《赐绮堂集》卷二十五《弦秋词·湘月(又题许谨庵蕉石小影)》:"指石为帆,团蕉作屋,画里抽身去,绿天一角。"

其三,有大量的"团蕉"用例可作佐证。如明徐象梅《两浙名贤录》外录卷八《自缘》:"缘竟夕不能寐,明发指天自誓曰:'所不能结团蕉以栖行脚者。'遂一力新古妙相寺。"明范凤翼《范勋卿诗文集》卷一《通州西门创建世灯庵碑记》:"智宗者,太原人也,祝发五台,托钵吾州,卓锡军山之麓,戢身团蕉,六时禅诵者业八年矣。会所栖为积雨摧塌,暂止天宁塔院,亦素蓄是念。"明沈德符《万历野获编》卷二十四《账房》:"今北方所用账房,即古穹庐也。其小如屠苏团蕉者,则移屯下营。及士大夫居恒于郊垌射猎宴饮诸事,靡不需之。"清金兆燕《棕亭诗钞》卷五《雨棠园访隐樵上人不值》:"小巷团蕉屋,春风自掩关。花开空一院,锡响到何山。"域外汉籍中也有"团蕉"用例,如景仁文化社《韩国文集》所收金履万《鹤皋先生文集》卷五《诗晚稿·幽居述事》:"宇宙何须阔,团蕉足病躯。诗应闲事业,睡是懒工夫。"

此外,"团蕉"与"团焦"存在异文。如上文所述《北齐书》载"团焦"一词,明清人在转引时则写作"团蕉",如明盛仪《嘉靖惟扬志》卷三十八:"高欢异兆。北齐高欢从葛荣徙据并州,抵扬州。邑人庞苍鹰止团蕉中,每从外归,主人遥闻行响动地,苍鹰母数见团蕉上赤气赫然烛天……"明凌迪知《万姓统谱》卷三:"庞苍鹰:扬州人。因团蕉赤气赫然知高欢为帝。"也有用"团蕉"解释"团焦"的,如清王培荀《寓蜀草》卷三七:"山庄避暑响金镬,风雨调和戾气消。莫怪九重知稼穑,年年秋省到团焦。"原文注释:"田家茅蓬小屋,北人谓团蕉。每岁在滦阳,秋禾长成必躬巡省视。"

综合看来,{团瓢}一词来源于"团蕉"。"焦"当为"蕉"的省形符形式,

---

① 张作为:《原林深处》,山西人民出版社 1979 年版,第 697 页。

"瓢""标"则为"蕉"的记音字。在《中原音韵》音系中,"焦""标""瓢"都是萧豪韵平声,音近。明顾起元《说略》卷十五:"团焦,下音标。"亦可证"焦""标"音近。

元刊《新刊关目马丹阳三度任风子》中的"藁"(藁)从"艹",起到标记语义的重要作用。虽然{团瓢}的语源是"团蕉"这一形式,但在元明戏曲文献中,未见"团焦""团蕉",多见"团瓢""团標"。这说明在元明时期{团瓢}一词的构词理据已不为人所知。《正字通》卷五:"焦竑曰:'团標今曰团瓢,谓一瓢之地也。'"因为存在这一民间词源,所以在戏曲文献这类民间文献中,{团瓢}一词字多写作"团瓢"或"团標"。

综上所述,借助其他戏曲文献的用例、相关俗字知识、语音知识、名物词知识,可以更好地考察元刊杂剧中的名物词。一方面,可以精确地归纳语义;另一方面,可以从语源出发,了解其命名之由。从语言学角度入手,辅以其他知识,我们对"马鎺环""草团藁"两个词的词义、语源有了更深入的了解。"马鎺环"当校作"马衔环",即"马嚼子"义,"鎺"为"衔"的换声符字形。"草团藁"有诸多书写形式,最初字形当为"草团蕉",即以"芭蕉叶"或"麻草"建造的圆形草屋。

作者工作单位:南京特殊教育师范学院

《自通》《无先生》《内鲜满》
方言词语研究*

韦耀坤　李　超

摘　要　《自通》《无先生》《内鲜满》是二十世纪上半叶朝鲜本土汉语教材,其中有不少方言词语。本文主要研究《自通》《无先生》《内鲜满》中方言词语的使用情况及其特点,对部分方言词语在方言和现代汉语中的使用情况进行探讨,北京方言特色突出,一定程度展现了早期北京话的使用情况和早期北京的社会生活,对于研究早期北京话具有重要意义。

关键词　朝鲜半岛;汉语教材;方言词语

本文所选取的研究对象为北京大学中国语言学研究中心"早期北京话珍稀文献集成"项目的阶段性成果《朝鲜①日据时期汉语会话书汇编》中的三本会话书,包括《速修汉语自通》(以下简称《自通》)、《无先生速修中国语自通》(以下简称《无先生》)、《"内鲜满"最速成中国语自通》(以下简称《内鲜满》),上述教材都属于二十世纪上半叶朝鲜本土汉语教材,且经由著名汉学家金雅瑛、朴在渊校注,教材主要面向初级阶段的汉语学习者。

《自通》《无先生》《内鲜满》三本会话书的作者分别是宋宪奭、白松溪与金松圭,都是朝鲜本土学者,三本教材的基本情况如下:

---

*　基金项目:该论文为 2023 年广西大学文学与文化研究中心研究生创新计划项目"朝鲜日据时期汉语教材文化项目分析——以《自通》《大成》为例"(202326)的阶段性成果,感谢项目所提供的经费支持。

①　朝鲜半岛各个历史时期称呼有别,本文主要研究朝鲜二十世纪上半叶(1910—1945)汉语教育和汉语教材情况,在本研究中统一使用"朝鲜"指称整个朝鲜半岛,在本文中"二十世纪上半叶"统一指称 1910—1945 年这一时期。

表1　《自通》《无先生》《内鲜满》教材概况

序目	《自通》	《无先生》	《内鲜满》
教材名称	《自通》(第三版)	《无先生》(第三版)	《内鲜满》
著作兼发行者	南宫楔(也有研究称作者为宋宪奭)	白松溪	金松圭
校注者	朴在渊、金雅瑛	朴在渊、金雅瑛	朴在渊、金雅瑛
朝鲜出版时间	1922年	1929年	1939年
朝鲜出版社	朝鲜图书株式会社	京城永昌书馆	汉城图书株式会社
国内出版时间	2017年	2017年	2017年
国内出版社	北京:北京大学出版社	北京:北京大学出版社	北京:北京大学出版社
课数	97课(含附录)	65课(含附录)	54章

一、教材收录方言词统计

《自通》《无先生》《内鲜满》的课文多以词汇、句子或者对话等形式出现，通常以一个主题或话题为每一课的中心，其话题多与日常生活密切相关，比如购物、工作、学习、节日、看病等内容。这些教材中收录了大量方言词语，所出现的方言词语以北方方言词为主。

本文依据徐宝华与宫田一郎的《汉语方言大词典》(以下简称《汉方》)、贾采珠的《北京话儿化词典》(以下简称《儿化》)、《北京话词典》(以下简称《北京》)、董树人的《新编北京方言词典》(以下简称《新方》)、徐世荣的《北京土语辞典》(以下简称《土辞》)、《细说北京话》(以下简称《细北》)，以及东北方言相关的《东北话词典》(以下简称《东北》)、《简明东北方言词典》(以下简称《简东北》)两本词典，同时辅以张美兰(2007/2011)、李光杰(2015)、李春红(2017)、代欢(2019)等相关论文进行查缺补漏，尽可能地搜寻并统计教材中出现的方言词，如表2所示：

表2　《自通》《无先生》《内鲜满》方言词统计表

序号	方言词	分类	词义	所在书籍	所处方言点	所在教材
1	娘儿们	人物名词	妇女	《汉方》5222[1]	东北官话、北京官话	《自》[2]

① "《汉方》5222"表示方言词所出现的书目及其页码，下同，不再另外说明。
② 《自通》《无先生》《内鲜满》在表格中分别简称为《自》《无》《内》。

（续表）

序号	方言词	分类	词义	所在书籍	所处方言点	所在教材
2	连襟儿	人物名词	姐姐的丈夫和妹妹的丈夫之间的关系	《儿化》210	北京话	《无》
3	耗子	动物名词	老鼠	《汉方》4564	北京官话、东北官话等	《自》
4	家雀儿	动物名词	麻雀，鸟的名称	《东北》263《北京》426	东北方言、北京方言	《自》
5	蝈蝈儿	动物名词	昆虫名	《儿化》301	北京话	《自》
6	火虫儿	动物名词	萤火虫	《土辞》191	北京话	《无》
7	老鸹	动物名词	乌鸦的俗称	《新方》264	北京官话	《自》《无》
8	牙花花	身体名词	牙垢	《汉方》679	北京官话	《自》
9	耳镜	身体名词	耳膜；鼓膜	《土辞》122	北京话	《内》
10	迎面骨	身体名词	小腿前面的骨头	《土辞》456	北京话	《内》
11	波棱盖儿	身体名词	膝盖	《儿化》36	北京话	《无》《内》
12	牙床子	身体名词	齿龈的通称	《儿化》479	北京话	《内》
13	菜床子	店铺名词	菜店	《土辞》512	北京话、东北官话	《内》
14	鱼床子	店铺名词	卖鱼的商店	《土辞》593	北京话	《内》
15	茶馆儿	店铺名词	茶水店	《土辞》513	北京话	《内》
16	手巾	物品名词	手绢	《汉方》808	冀鲁官话等	《自》《无》《内》
17	卷儿	物品名词	裹成圆筒形的东西	《儿化》139	北京话	《自》
18	胰子	物品名词	香皂；肥皂	《汉方》4988	东北官话、北京官话	《自》《无》《内》
19	搌布	物品名词	擦餐具、桌子等的抹布	《汉方》5205	冀鲁官话	《自》《无》《内》
20	脚踏子	物品名词	小板凳	《汉方》5665	胶辽官话、中原官话	《自》
21	脚踏车	物品名词	自行车	《汉方》5665	胶辽官话、中原官话等	《内》
22	家伙	物品名词	家具、器皿等物件	《汉方》5154	北京官话、中原官话等	《自》
23	火筷子	物品名词	和筷子略同、长不足二尺的两根铁棍，又称通条	《细北》186	北京话	《自》《内》
24	坎肩儿	衣物名词	无袖短衣	《儿化》86	北京话	《自》《内》
25	汗褟儿	衣物名词	旧时的中式小褂	《东北》213《儿化》27	北京话	《自》《内》
26	拉皮儿	食物名词	粉皮	《汉方》3272	东北方言	《内》
27	倭瓜	食物名词	南瓜	《东北》616	东北方言	《自》
28	地瓜	食物名词	甘薯；豆薯	《东北》97	东北方言	《无》

（续表）

序号	方言词	分类	词义	所在书籍	所处方言点	所在教材
29	小鸡子儿	食物名词	鸡蛋	《汉方》3019	北京话等	《自》
30	荷兰水	饮品名词	汽水	《汉方》4627	吴方言	《自》
31	教习	专有名词	学校教学人员	《土辞》547	北京话	《自》《无》《内》
32	跑堂儿	专有名词	旧时旅店、酒饭馆中的伙计	《儿化》452	北京话	《无》
33	杨梅疮	专有名词	梅毒	《汉方》2415	西南官话、吴语等	《内》
34	阴天	时间名词	阴天	《汉方》3596	北京官话等	《内》
35	早起	时间名词	早晨	《汉方》1954	东北官话、冀鲁官话等	《自》《无》《内》
36	晌午	时间名词	中午	《汉方》4813	西南官话、兰银官话等	《自》《内》
37	昨儿	时间名词	昨天	《儿化》307	北京话	《自》《无》《内》
38	前儿	时间名词	前天	《儿化》90	北京话	《自》《内》
39	今儿	时间名词	今天	《儿化》209	北京话	《自》《无》《内》
40	夏景天	时间名词	夏天	《汉方》4698	北京官话、冀鲁官话	《自》
41	明儿	时间名词	今天的下一天；以后	《儿化》500	北京话	《自》《内》
42	工夫儿	时间名词	某一段时间或者某个时间	《儿化》316	北京话	《无》
43	头晌午	时间名词	上午	《汉方》1487	北京官话、冀鲁官话等	《内》
44	早晚儿	时间名词	早晨和晚上	《儿化》136	北京话	《内》
45	半晌	时间名词	半天儿	《细北》24	北京话	《内》
46	后晌午	时间名词	下午	《细北》191	北京话	《内》
47	年下	时间名词	过年的时候	《细北》332	北京话	《内》
48	边儿	处所名词	边界	《儿化》56	北京话	《自》《无》
49	土坡儿	处所名词	倾斜的地面	《儿化》293	北京话	《自》
50	学堂	处所名词	学校	《汉方》3703	吴方言	《自》《无》《内》
51	晌饭	其他名词	午餐；午饭	《汉方》4813	东北官话、北京官话等	《自》《无》
52	字儿	其他名词	文字；旧时也指契约	《儿化》187	北京话	《无》《内》
53	瞳人儿	其他名词	看它的人的倒像	《儿化》180	北京话	《内》
54	倒座儿	其他名词	旧时剧场中左右两边与舞台平行的观众座位	《儿化》307	北京话	《内》
55	火轮船	其他名词	轮船	《土辞》554	北京话	《自》《无》

（续表）

序号	方言词	分类	词义	所在书籍	所处方言点	所在教材
56	日头	其他名词	太阳	《东北》496 《汉方》693	东北官话、冀鲁官话等	《自》《内》
57	抄道	动作动词	取径直的路,避免绕远路	《土辞》51	北京话	《自》《内》
58	定规	动作动词	商定;决定	《汉方》3681	东北官话、北京官话等	《自》《内》
59	溜达	动作动词	散步	《汉方》6654	北京官话等	《自》《无》《内》
60	打帮	动作动词	若干人临时结伙;搭帮	《汉方》1023	冀鲁官话	《自》《无》
61	借光	动作动词	北京的传统文明用语,多用于话语前边	《细北》216	北京话	《自》《无》
62	偏您了	动作动词	先吃完饭的人对没有吃完饭的人的客气话	《汉方》5567	北京官话	《内》
63	打盹儿	动作动词	打瞌睡	《土辞》79	北京话	《内》
64	晓得	动作动词	通晓;懂得;认识	《汉方》4812	江淮官话、西南官话等	《自》
65	中	心理活动动词	行;可以	《汉方》708	东北官话等	《内》
66	合式	心理活动动词	合意;中意	《汉方》2109	北京官话、西南官话等	《内》
67	闲在	性质形容词	安逸、舒适	《土辞》421	北京话	《自》
68	腌臜	性质形容词	肮脏	《汉方》6240	北京官话、晋语等	《自》
69	齿刻	性质形容词	吝啬,词典中记作"齿壳"	《新方》399 《汉方》5315[①]	北京话	《自》
70	您纳	人称代词	您(招呼用语)	《汉方》5577	北京官话	《自》《无》《内》
71	自个儿	人称代词	各自;自己	《儿化》270	北京话	《无》
72	多咱	疑问代词	什么时候	《汉方》2154	东北官话、北京官话等	《自》《无》《内》
73	几儿	疑问代词	哪天;何时	《儿化》208	北京话	《自》《无》
74	多儿钱	疑问代词	多少,表不定量	《儿化》296	北京话	《无》《内》
75	那儿₁	疑问代词	哪里;哪儿	《儿化》28	北京话	《自》《无》《内》
76	那儿₂	指示代词	那里	《儿化》29	北京话	《自》《无》
77	多会儿	疑问代词	多长时间;几时	《细北》125	北京话	《内》
78	这程子	指示代词	指最近一段时间	《汉方》2845	东北官话、北京官话	《内》

---

① 在《汉方》中"齿刻"同"齿克",在《新方》中收录的是"齿壳"。

（续表）

序号	方言词	分类	词义	所在书籍	所处方言点	所在教材
79	这会儿	指示代词	此时	《土辞》482	北京话	《内》
80	好好儿	频率副词	经常	《汉方》2328	兰银官话	《自》《内》
81	打	时间、处所介词	自从；自	《土辞》77	北京话	《自》《内》

注：表中"那儿₁"表示疑问代词，"那儿₂"表指示代词，下同，不再另外说明。

　　《自通》《无先生》《内鲜满》都属于早期北京话的重要文献材料，教材中出现了数量不少的方言词，以北京话方言为主，另有一部分东北方言，少部分为吴语、粤方言、西南官话等，这体现了方言词语的时代性与过渡性。其中一部分方言词语在上述三本汉语教材均有出现，并且在同一本教材出现的次数不少。下面为部分方言词在教材中出现次数统计，例如："那儿₁"在《自通》《无先生》《内鲜满》出现次数分别为 20 次、20 次、6 次，"那儿₂"出现次数分别为 13 次、9 次、0 次，"道儿"出现次数分别为 5 次、5 次、2 次，"昨儿"出现次数分别为 7 次、1 次、2 次，"定规"出现次数分别为 5 次、0 次、2 次，"借光"出现次数分别为 6 次、5 次、0 次，"打帮"出现次数分别为 2 次、1 次、0 次，"晌饭"出现次数分别为 1 次、1 次、0 次。

　　从教材中出现的方言词语的词性来看，涉及名词、动词、形容词、量词、副词和介词几类，其中以名词占据首位。方言中的名词包括时间名词、身体名词、事物名词、人物名词等，其中还有大量的儿化词，所涉及的内容较为丰富。这些词语也逐渐发展进入到现代汉语中，并被《现代汉语词典》收录，如老头儿、妞儿、连襟儿、道儿、坎肩儿、卷儿、罩儿、罐儿、茶馆儿、名儿、火筷子、蝈蝈儿、花儿、工夫儿、借光、那儿₁、那儿₂、今儿、明儿、打、打盹儿等。

二、《自通》《无先生》《内鲜满》部分方言词释析

　　本文对部分方言词进行分析，重点探讨部分方言词语在方言和现代汉语中的使用情况，对于词语的最初来源不做考究。以下内容所引用的例句来自前文所提及的工具书和北京大学中国语言学研究中心语料库，其中未标注所属方言的例句均出自CCL语料库,标注所属方言的例句出自上述提及的工具书,不再另外说明。

1.【拉皮儿】粉皮

（1）第九章《衣食门》：<u>拉皮儿</u> 。（内鲜满·12①）

"拉皮儿"仅在《内鲜满》中出现 1 次,出现在专题词篇目中,是当时的一种食物名称,但并未发现在语句中的用例。目前被《现代汉语词典》收录,不再视为方言。"拉皮儿"在当时主要出现在东北官话中,使用范围稍窄。

2.【汗褟儿】旧时的中式小褂

（1）《衣裳部》：<u>汗褟儿</u>。（自通·67）

（2）第九章《衣食门》：<u>汗褟儿</u>。（内鲜满·11）

"汗褟儿"在《自通》《内鲜满》中各出现 1 次,分别在《自通》的《衣裳部》篇目和《衣食门》篇目出现。"汗褟儿"有时又写作"汗褶儿"。"汗褶儿"是北京的口语词,在《现代汉语词典》《新编北京方言词典》《北京话儿化词典》中均有收录。

（3）恰一眼看见大奶奶的<u>汗褶儿</u>袖子上头蹭了块胭脂。（北京方言）

3.【脚踏子】小板凳；登炕用的木制活动台阶

（1）《家伙部》：<u>脚踏子</u>。（自通·65）

"脚踏子"表小板凳之义,只在《自通》专题词篇目中发现。"脚踏子"主要在胶辽官话和中原官话中使用,而《现代汉语词典》并未收录,使用频率颇低。在过去的一些作品中出现了"脚踏子"一词,如《老残游记续》《挥麈前录》等,但并未发展成为普通话。

（2）底下一块板子,用四根绳子吊着,当个<u>脚踏子</u>。（刘鹗《老残游记续》）

（3）乘轿直抵<u>脚踏子</u>始下。（王明清《挥麈前录》）

4.【火筷子】与筷子略同、长短不足二尺的两根铁棍,烧煤或蜂窝时常用的工具

---

① "内鲜满·12"表该例句所在的教材和相应页码,下同,不再另外说明。

（1）一对**火筷子**。（自通·15）

（2）第十二章《器用门》：**火筷子**。（内鲜满·15）

"火筷子"又称"火箸"，在教材中出现次数较少，多见于专题词篇目中。在《现代汉语词典》中也有收录，已经从北京话口语词发展成为普通话中的词语，但从当下部分教材中出现次数来看，其使用的频率颇低。《国际中文教育中文水平等级标准》词汇表中共收录了 11092 个词语，但其中并未收录"火筷子"这一词语，在普通话中不属于常用词。在《细说北京话》中仅列举了 1 例，在《老残游记》也出现了相关用法，如下所示：

（3）"老妈，这两根铁棍儿为什么拴在一起呀？""那是早就不用了的**火筷子**，你从哪儿翻腾出来的呀？"（北京话）

（4）就要拿火筷子烙人。（刘鹗《老残游记》）

5.【您纳】【你纳】【您哪】招呼用语，表尊敬

（1）好说，**您纳**。（自通·19）

（2）**你纳**住那儿去来着？（无先生·15）

（3）再见，**您哪**！（内鲜满·34）

"您纳"在《自通》中出现了 8 次，《无先生》中"您纳""你纳"都出现了 3 次，《内鲜满》中"您纳"出现了 10 次。"您纳"在教材中多作为后置呼语，有时也可以作为主语，如"您纳来了，我总没听见说"（《无先生》第 16 页）与"你纳在这儿住着么？"（《无先生》第 15 页）"您纳"和"您哪""你纳"同义，以下统一使用"您纳"的形式。刘云（2013）在考究中指出，"您"的语法化发展大致可归结为以下几个阶段：你老人家—你老—你纳/能—您纳—您。所以，"您纳"是"您"语法化发展过程中的一部分，可以说是发展为"您"的过渡阶段。在《现代汉语词典》中并未收录该词，但据《汉语方言大词典》，现今北京官话中有相关用例，如下所示：

（4）刘大爷，您多辛苦啦！

哪儿的话**您哪**！（《龙须沟》北京官话）

（5）好说嘞**您哪**，咱俩再杀两三盘。（《圆明园闲话》北京官话）

齐如山先生(2008)认为北京人面对面说话鲜用"你",以其不太尊敬他人之意,而常用"您",与长辈之间说话时也可以用"您",对于外人表达得更为客气,多在"您"后面带上"哪",这表明"您哪"较"您"更为尊敬和礼貌。而崔蓝月(2020)在研究中也持相同观点,指出"您"和"您哪"中尊敬程度存在区别,"您哪"属于极敬语,而"您"多表温恭,避免不敬,两两相比"您"属于普通敬语。将《自通》《无先生》《内鲜满》中"您"和"您纳"的数量进行对比:《自通》中"您"出现了38次,"您纳"总共出现次数为8次;《无先生》中"您"出现次数为22次,"您纳"出现次数仅有6次;《内鲜满》中"您"共出现了40次,"您纳"出现次数为10次;"您"的使用频率更高,涉及日常生活的多个方面,这可能也是后面逐渐发展到普通话中"您"的原因之一。"您纳"在先前的文献也有出现,据江蓝生(1994),"您纳"在《燕京妇语》中出现了16次,《燕京妇语》部分例句如下所示:

(6)好哇您纳。

(7)唉,可真是难为您纳呀。

6.【偏您了】先吃完饭的人对没有吃完饭的人的客气话

(1)偏您饭了。(内鲜满·34)

"偏您了"属于动词,是北京官话中的客气话,仅在《内鲜满》出现1次,使用频率很低。"偏您了"在《汉语方言大词典》中有收录,主要在北京官话中使用,其中还可以以"偏了""偏过了"等形式出现,在其他的一些文献中也有出现,如《燕京妇语》。

(2)您慢慢吃,我可先偏您了。(北京官话)

(3)您怎么不吃了? 我偏您了。(《燕京妇语》)

三、结语

《自通》《无先生》《内鲜满》成书于民国时期,不少方言词语在教材中出现,并且在一些方言书籍中都有收录,这也从另外一个方面展现了《自通》《无先生》《内鲜满》在方言语料研究上具有的重要价值。教材中出现的部分词语属于北京话或北京官话,如您纳、早起、这程子、多咱、晌饭、火筷子等,并且在一些北京方言书籍中都有收录,一定程度上展现了北京话的面貌以及当时北京民众的社会生活。这对早期北京话词语的研究有重要意义,同时对研究1910—1945年汉语由近代向现代过渡这一重要时期提供了一定的语料支撑。

参考文献

崔蓝月:《朝鲜日据时期教科书视野下的早期北京话研究》,广西大学2020年硕士论文。

代欢:《朝鲜日据时期会话书〈修正独习汉语指南〉语言研究》,四川师范大学2019年硕士论文。

董树人:《新编北京方言词典》,商务印书馆2010年版。

高艾军、傅民编:《北京话词典》,中华书局2013年版。

高永龙编著:《东北话词典》,中华书局2013年版。

贾彩珠:《北京话儿化词典》,上海教育出版社2019年版。

江蓝生:《〈燕京妇语〉所反映的清末北京话特色(上)》,《语文研究》1994年第4期。

李春红:《日据时期朝鲜半岛汉语会话教科书语言研究》,吉林大学2017年博士论文。

李光杰:《清末民初北京话口语词中的方言词语考——以张美兰〈明治期间日本汉语教科书中的北京话口语词〉为例》,《佳木斯大学社会科学学报》2015年第4期。

刘云、周晨萌:《释"您"》,《语言教学与研究》2013年第5期。

齐如山:《北京土话》,辽宁教育出版社2008年版。

王子光、王璟编著:《细说北京话》,金盾出版社2017年版。

徐世荣:《北京土语辞典》,北京出版社1990年版。

许宝华、〔日〕宫田一郎主编:《汉语方言大词典》,中华书局1999年版。

许皓光、张大鸣编:《简明东北方言词典》,辽宁人民出版社1988年版。

张美兰:《19世纪末北京官话背景下的两部朝鲜汉语教材》,《吉林大学社会科学学报》2011年第2期。

张美兰:《明治期间日本汉语教科书中的北京话口语词》,《南京师范大学文学院学报》2007年第2期。

作者工作单位:广西大学文学院

《经典释文》"邪"字注音考*

罗　毅　杨　军

摘　要　《经典释文》中为"邪"字所注音义因掺杂后人刊改、添加和误抄的异质成分,致使其失去陆氏本真面貌,所注之音及音义之间的匹配关系也发生了错乱。文章通过文献考证、逻辑推理等方法,以语义为纲,对每一义项之下所注音切进行系统考证,区分语音层次,剔除和订正异质成分,考订出"似嗟反""音余""音徐"及"余嗟反"才是陆氏原书之音切,而"以嗟反""似议反""也差反"以及为"琅邪"之"邪"所注之音皆是后人误抄、误改、误增的音切。

关键词　《经典释文》;邪字;注音;考证

一、引言

段玉裁《说文解字注》于"邪"字下云:"琅邪郡也。谓琅邪郡之字如此作也……古书用为衺,正字;又用为辞助,如乾坤其易之门邪,乾坤其易之缊邪,是也。"《广韵》亦云:"邪。琅邪,郡名,俗作耶、瑘。亦语助。以遮切,又似嗟切。"又"鬼病,亦不正也。《论语》曰:'思无邪。'"作为一个多音多义字,"邪"字在《经典释文》(下称《释文》)中的注音释义情况也极为复杂,除为本义注音之外,还为多个假借字注音,其中不仅有陆德明所注之音,也有后人增改、误抄的音切。因此,本文将对今本《释文》中为"邪"字所注音切进行全面考证,以区分出《释文》原书所注之音及后人增改的音切,还陆氏原书之貌,进而以此为基础,准确梳理出"邪"字音义之间的匹配关系。

---

*　基金项目:国家社科基金一般项目"唐写本《经典释文》校笺及相关文献、语言问题研究"(23BYY012)。
此外,感谢储泰松教授、黄仁瑄教授对本文所提的意见和建议。

二、"邪"字注音考

"邪"字在《十三经注疏》中一共出现 489 次[①]，今本《释文》为其出音 120 次，所注之音及在各经音义中的分布情况如下表：

表 1 "邪"字注音分布表

	平麻以	平麻邪	平鱼邪	平鱼以
周易音义	余嗟反	似嗟反		
尚书音义		似嗟反		
毛诗音义		似嗟反	音徐	音余
周礼音义		似嗟反		
仪礼音义		似嗟反		
礼记音义	以车反	似嗟反		
春秋左氏音义		似嗟反		
春秋公羊音义		似嗟反		
春秋谷梁音义		似嗟反		
论语音义	以嗟反　也差反	似嗟反		
老子音义		似嗟反		
庄子音义	也差反　以嗟反	似嗟反		
尔雅音义	羊嗟反　以差反	似嗟反		

而"邪"字在中古各韵书、字书中的注音、释义情况也具列如下：

表 2 "邪"字中古注音释义表

韵书	注音	释义
切三	以遮反	琅邪，郡名。
	似嗟反	衺。不正。或作斜。
王三	以遮反	耶。琅耶郡。
	似嗟反	衺。不正。
玉篇[②]	以遮切	琅邪郡。
	音斜	《论语》："思无邪。"
	似嗟切	衺。奸思也；围也。

[①]《十三经注疏》未收的《老子》《庄子》，我们分别选用王弼《老子注》和王先谦《庄子集解》进行统计。

[②] 宋本《玉篇》于"邪"字下云："以遮切，琅邪郡。又音斜，《论语》曰：思无邪。"又于"衺"字下云："似嗟切，奸思也；围也。"邪，古同衺，故邪之又音与衺之注音释义同。

（续表）

韵书	注音	释义
广韵	以遮切	琅邪,郡名。俗作耶、瑘。亦语助。
	似嗟切	鬼病,亦不正也。《论语》曰:"思无邪。"
集韵	余遮切	《说文》:"琅邪郡。"又曰疑辞。或从耳,俗从王为琅瑘,非是。
	徐嗟切	《说文》:"褒也。"谓不正。或作邪,通作斜,亦书作衺。
	羊诸反	缓也。《诗》:"其虚其邪。"
	时遮反	归邪,星名。

通过表1、表2的比照我们可以看出:《释文》中作平声麻韵邪母读的"似嗟反"与"切三""王三"等中古韵书、字书中的"似嗟""徐嗟"等反切相对应,表"不正"之义;作平声麻韵以母读的"余嗟反""以嗟反""羊嗟反""也差反""以差反"与中古韵书、字书中的"以遮反""余遮切"等音切相对应,表"地名"或"语辞"之义;作平声鱼韵邪母读的"音徐"则与《集韵》中"羊诸反"相对应,表"缓也"之义。

然在今本《释文》中,为"邪"字所注的音义,因掺杂了唐宋等后人据时音刊改、添加和误抄的异质成分,致使其失去陆氏本真面貌,所注之音及音义之间的匹配关系也发生了错乱。下面我们将以语义为纲,对每一义项之下所注的音切进行深入考证,区分语音层次,剔除和订正异质成分,还陆氏原书之貌。

（一）表"不正"之义

今本《释文》中"邪"字表"不正"之义,陆氏几乎全部注为"似嗟反",共有112条之多,其中一条法伟堂有疑义,另一条注有又音"以车反",除此之外,还有两条分别注"以嗟反"和"似议反",现将此四条开列如下:

例1.邪:似嗟反,徐以车反。(《礼记音义》834.34①)

例2.回邪:似嗟反,下同。(《春秋左氏音义》1119.41)

例3.动无非邪也:以嗟反,动矜于是也。(《庄子音义》1555.31)

例4.不邪:似议反。(《庄子音义》1590.29)

---

① 此为宋元递修本页码及条数。本文以宋元递修本为底本,如涉及其他版本将随文交代。

例1各本相同,各家无校。其原文出自《礼记·缁衣》:"子曰:私惠不归德,君子不自留焉。"郑注曰:"相惠以亵渎、邪辟之物,是为不归于德。"孔疏:"惟以忠信正道以示我,不以亵渎、邪辟之物而相遗也。"此"邪"为"邪辟"之义,陆氏读为邪母,作"似嗟反",徐邈则读作以母,注"以车反",又音乃陆氏录存前人之音。

例2叶抄本、通志堂本、抱经堂本同,黄焯无校,法伟堂云:"似疑以之讹。"

此条出自《左传·昭公二十年》:"君子不食奸,不受乱,不为利疚于回。"杜预注:"疚,病;回,邪也;以利故不能去是病身于邪。"故此"邪"字当为"奸邪"之义,《释文》及中古各韵书、字书皆作麻韵邪母读,法伟堂疑反切上字"似"为"以"之讹,非,或是误将此"邪"字当作语辞耳。

例3叶抄本同,通志堂本、抱经堂本作"似嗟反",郭庆藩《庄子集释》亦作"似嗟反"。黄焯、法伟堂无校。

此条出自《庄子·杂篇》中"外物第二十六",云:"反无非伤也,动无非邪也。"王先谦《庄子集解》:"成(玄英)云:'反于物性,无不伤损,扰动心灵,皆非正法。'"此处"邪"字与"正"相对,显然是表"不正"之义。《广韵》《集韵》表此义皆作平声麻韵邪母读,不读作以母,且《释文》其他各处亦作"似嗟反"。因此,此"以嗟反"当作"似嗟反","以、似"二字或因字形相似而误。

例4一条,今本《释文》中以"议"作反切下字的情况仅此一例,且各韵书、字书中"邪"字并无作支韵读的情况。

此条叶抄本同作"似议反",通志堂、抱经堂、注疏本作"似嗟反"。法伟堂、黄焯无校。其原文出自《庄子·杂篇·天下》,郭注云:"然膏粱之子,均之戏豫,或倦于典言,而能辩名析理,以宣其气,以系其思,流于后世,使性不邪淫,不犹贤于博弈者乎!"此处"邪淫"之"邪"为不正之义,《广韵》注为"似嗟切",作平声麻韵邪母读,《释文》他处亦皆注为"似嗟反",如凶邪:似嗟反(《周易音义》81.3);偏邪:似嗟反(《周礼音义》538.42);邪气:似嗟反(《礼记音义》777.45);正邪:似嗟反(《春秋左氏音义》935.32)等。加之其反切下字"议"在中古各韵书、字书中仅有支韵去声和平声两读,而被切字"邪"在中古也并无支韵一读。因此,我们可以推断出这一条所注之音当为"似嗟反","议""嗟"二字错乱或因二者形似,系抄写者误抄所致。

(二)表"缓也"之义

今本《释文》中,"邪"字表"缓也"之义仅有一条,如下:

其邪:音余,又音徐。《尔雅》作徐,下同。(《毛诗音义》229.33)

宋元递修本、通志堂本、抱经堂本及叶抄本同,法伟堂、黄焯无校,S.789、P.2529"邪"作"耶",S.2729作"邪:详余","详余"音同"又音徐"。

此条出自《诗经·北风》:"其虚其邪。"郑笺云:"邪读如徐,言今在位之人,其故威仪虚徐宽仁者,今皆以为急刻之行矣,所以当去以此也。"孔疏:"正义曰:《释训》云:其虚其徐,威仪容止也。孙炎曰:虚徐,威仪谦退也。然则虚徐者,谦虚闲徐之义。故笺云威仪虚徐宽仁者也。但传质,诂训叠经文耳,非训虚为徐。此作其邪,《尔雅》作其徐,字虽异,音实同,故笺云邪读如徐。"

至于首音"音余",则是陆德明根据诗歌的押韵情况,按中古音协韵而改读的音。整首诗歌押韵情况如下:

北风其凉,雨雪其雱。惠而好我,携手同行(阳部)。其虚其邪,既亟只且(鱼部)。

北风其喈,雨雪其霏。惠而好我,携手同归(微部)。其虚其邪,既亟只且(鱼部)。

莫赤匪狐,莫黑匪乌。惠而好我,携手同车。其虚其邪,既亟只且(鱼部)。

——《诗经·北风》

其中"邪""且"①二字同押鱼部,乃是陆德明按中古音协韵,"且"字一条《释文》云:"且:子余反,下同。"(《毛诗音义》230.1)读作精纽鱼韵,而"音余"是读作以纽鱼韵("邪"字读作以纽麻韵三等作语气词时,多用于疑问,也用于感叹),二字既要押韵,故陆德明改"邪"字读为鱼韵。而此条《释文》云"又音徐","徐"字亦可押韵,然其为"似嗟反"之变,陆德明不取,唯因《尔雅》

---

① "且"字中古有两读,一为清纽麻韵开口三等,二为精纽鱼韵合口三等,其中前者作语辞多用为连词,只有鱼韵一读作语气词。因而此处"且"字当为鱼部。

作"徐"而以为又音。

（三）表"地名"之义

今本《释文》中，"邪"字作地名用字一共出现三处，具体如下：

例1.邪：以嗟反，又也差反。（《论语音义》1349.10）

例2.邪：羊嗟反。（《尔雅音义》1694.6）

例3.邪：以差反。（《尔雅音义》1701.14）

例1一条叶抄本、通志堂本、抱经堂本同。此条出自《论语·序》："琅邪王卿及胶东庸生、昌邑中尉王吉皆以教授。"刘宝楠《正义》曰："琅邪，胶东郡，国名。"法伟堂云："'也差反'未详，疑当作'似差反，又也嗟反'，见《礼记·缁衣》。"黄焯《汇校》云："邪，以嗟反。正平本邪作琊。宋本、蜀本以作似。"

然《礼记·缁衣》作"邪，似嗟反，徐以车反。"（《礼记音义》834.34）其原文为："相惠以亵渎、邪辟之物，是为不归于德。"此为"邪辟"之义注音，而非为"琅邪"之"邪"注音。此外，注疏本"琅邪"不出音，监本纂图互注本①《论语·序》作"邪，似嗟反，又也差反。"

赵少咸云："邪，以嗟反，又也差反。《校语录》云：'也差反'未详。疑当作'似差反，又也嗟反'。'又也嗟反'见《礼记·缁衣》。笺曰：'以嗟'读同《广韵》麻韵'以遮切'之音，为琅邪郡名之本读也。'也差'盖读语助之'邪'，《庄子·逍遥游》《释文》'色邪，也差反。助句不定之辞。'因非此义，故云'又音'，又音即或音，言或有作此音也。法言未详，疑似差之误，殊未审耳。"②

例3一条叶抄本同，通志堂本作"邪，似差反"，抱经堂本作"邪，似嗟反"，法伟堂云："'似差反'当合《论语·序》通考之，当作'似嗟反'。"黄焯《汇校》云："邪，似差反。宋本作以嗟反。卢本差改嗟。焯案，似字亦应依宋本改作以。《广韵》邪虽有似嗟一切，但凡为琅邪郡作音者，皆读如喻纽，不读如邪纽也。

---

① 宋刘氏天香书院：《监本纂图重言重意互注论语》，中华再造善本，北京图书馆出版社2005年版。

② 赵氏原手批：请换邪字下"盖误至未审耳"五十八字（按：实为五十七字）为："谨案，麻韵分二等三等，差，初牙切，二等；嗟，子邪切，四等。二四等字不通用。法校谓'也差'疑为'似差'之误，实不明此'差'乃'嗟'之残坏，而非'似'与'也'之误也。"

《说文》:邪,琅邪郡。从邑,牙声。以遮切。《集韵》麻、《类篇》邑部邪下并云:'余遮切,《说文》琅邪郡。'可证。"注疏本"琅邪"不注音。

赵少咸云:"邪,以嗟反。《校勘记》云:似差反,卢本差作嗟,此误。叶本似作以。《校语录》云云。笺曰:通志堂本'以嗟'作'似差',臧校改'似'为'以',即依叶本,是也。邵本、卢本并改'差'为'嗟'亦是,今据依改。考《论语序释文》云:'琅邪,以嗟反,又也差反。''以嗟反'即《广韵》'以遮切',是琅邪郡之邪字正读,属喻纽;若作'似嗟反',则其义为《论语》'思无邪'之邪,属邪纽,故此上字当以叶本作'以'。'嗟''差'虽同在麻韵,麻韵二三等不通用。而'嗟'为四等,'差'为二等,凡三等韵可以有齿头及喻之四等,不能有二等之庄初诸纽,故《论语释文》以'以嗟反'为首音,以'以差反'为又音。谓又有二三等混读者,其反语用字为'也差'耳。"

其实,"琅邪"在古代为常见地名、郡名,根本无需注音。"琅邪",亦作"琅琊",在今山东诸城县东南海滨。《孟子·梁惠王下》:"吾欲观于转附朝儛,遵海而南,放于琅邪。"而"琅邪"作为郡名,在秦时便已置立,《汉书·地理志》第八上:"琅邪郡,秦置。莽曰填夷。属徐州。户二十二万八千九百六十,口一百七万九千一百。有铁官。县五十一……"作为地名、郡名,"琅邪"一词广泛出现于先秦及以后各类文献,然在中古各种音义文献中,皆未出现为"琅邪"之"邪"注音的情况。如"琅邪"见于《史记》43次、《史记》三家注99次,皆未注音。见于《汉书》85次,颜师古《汉书注》29次,也无注音。《晋书》239次,何超《晋书音义》未见注音。《文选》及注55次,李善、五臣皆不注音。

同时,今本《释文》为"琅邪"之"邪"注音也仅有《论语音义》《尔雅音义》中2例,而在《十三经注疏》中,"琅邪"一词多次出现,其中《尚书正义》1次,《尚书·禹贡》:"《地理志》云:'潍水出琅邪。'"《左传正义》17次,如《左传·隐公九年》:"防,鲁地,在琅邪县东南。"《礼记正义》2次,如《礼记·序》:"《儒林传》云:'大戴授琅邪徐氏。'"《庄子集解》1例,《庄子·胠箧》:"然而田成子一旦杀齐君而盗其国。"《释文》:"而盗其国,司马云:谓割安邑以东至琅邪自为封邑也。"(《庄子音义》1467.24)以上各例,《释文》皆未出音。此外,今本《释文》中有 2 例为"琅邪"之"琅"注音而不为"邪"字注音者，具体如下：

> 1.《左传·隐公七年》："夏，城中丘。"杜预注："中丘在琅邪临沂县东北。"
> 《释文》："琅邪，音郎。"（《左传音义》877.23）而"邪"字未出音。
> 2.《左传·昭公十八年》："六月，邾人入鄅。"杜预注："鄅国，今琅邪开阳县。"
> 《释文》："琅邪，音郎。本或作郎。"（《左传音义》1114.02）同样，"邪"
> 字亦不音。

又《释文·序录》"夫质有精粗，谓之好、恶，并如字。心有爱憎，称为好、恶。上呼报反，下乌路反"一段下，云："余承师说，皆辩析之。比人言者，多为一例。如、而靡异，邪、不定之词。也助句之词。弗殊。"语辞"邪"不注音，同卷"琅邪"共出现 22 次，亦无一处为"邪"字注音。可见陆氏本不为"琅邪"之"邪"注音，然今本《释文》注音，仅见于《论语音义》《尔雅音义》各一例，极为可疑。而且，这两部《音义》又有"本今作"等不见于其他各《音义》之类目，因此，为"琅邪"之"邪"所注音切应是后人所添。

例 2 一条出自《尔雅·释鱼》："魵，鰕。"郭璞注："出秽邪头国。见《吕氏字林》。"

《太平御览》卷 939 引《魏略》曰："秽国出班鱼。"许氏《说文解字》于"魵"字下云："鱼名，出秽邪头国。"段玉裁注："陈氏《魏志》、范氏《后汉书·东夷传》皆曰：'濊国海出班鱼皮。'今《一统志》朝鲜下亦云尔。班鱼即魵鱼也。郭注《尔雅》云：'出秽邪头国。'见《吕氏字林》。"据此可知秽国即秽邪头国。又杨军《秽国考》（2004）云："秽最初是东夷人建立的国家的国名，后演变为族称，专指生活在中国东北与朝鲜半岛北部的东夷人。秽国约出现于西周初……可能秽邪头是东夷人本族语言的国名，而中原汉人省称为秽国。"因此，"秽邪头国"之"邪"应是东夷语之音译词，与"琅邪"之"邪"有别，陆氏注"羊嗟反"以示区别。一般而言，音义书所出音切与"如字"音同而不注"如字"者，以其非"如字"之义也。

（四）表"语辞"之义

今本《释文》中，"邪"字用作句末语辞共出现 2 次，详见下：

例1.者邪：或作耶，同。余嗟反。后协句辞皆放此。(《周易音义》74.23)

例2.色邪：也差反，助句不定之辞，后放此。(《庄子音义》1408.23)

例1出自《周易·乾卦》："象曰：……乾道变化，各正性命。"王弼注云："静专动直，不失大和，岂非正性命之情者邪？""邪"字在此处用作句末语气助词，表反诘，陆氏为其注"余嗟反"，与《广韵》"以遮切"读音相同，作平声麻韵以母读。

后协句辞皆放此：其下《系辞上》"乾坤其易之缊邪？"（经82.0564^①）、《系辞下》"子曰：乾坤，其易之门邪？"（经89.0071）、"于稽其类，其衰世之意邪？"（经89.0144）及此条注："所以明失得，故知衰世之意邪？"（注89.0174）、"其柔危，其刚胜邪？"（经90.0536）、"《易》之兴也，其当殷之末世、周之盛德邪？"（经90.0734）、"当文王与纣之事邪？"（经90.0742）、《说卦》"物不可以终遁"注："遁而后亨，何可终邪？"（注96.0526）、"不知宿之不肯邪？"（《公羊传》注2231.0771）、"犹曰吾何以得此救急之恩于子邪？"（《公羊传》注2280.0229）、"即散，何以美之邪？"（《谷梁传》注2397.0295）"逾三年然后葬，而日卒时葬，何邪？"（《谷梁传》注2414.0999）"求而得之邪？"（《论语》注2458.0268）"得善贾，宁肯卖之邪？"（《论语》注2490.0974）等十三例皆无音注。

例2叶抄本、通志堂本同，抱经堂作"余嗟反，助句不定之辞，后放此"。卢文弨《考证》："旧也嗟反，今据《易·释文》正。"法伟堂云："'差'当作'嗟'，卢已改。"黄焯《汇校》云："卢据《易·释文》改为余嗟反，云也，字讹。案宋本、景宋本皆作也嗟反也，余同纽，本自不讹，无烦改作，唯差字误。"

法伟堂、黄焯是。"色邪"一条出自《庄子·逍遥游》："天之苍苍，其正色邪？"句末"邪"字为助句不定之辞，当读作平声三等麻韵以母，而反切下字"差"为二等麻韵，二、三等字本不通用，加之"差"为多音字，不宜作反切用字，今本《释文》中除"邪"字外，其他无一处以"差"字作反切用字。因此，

---

① 此为中华书局1980年影印本《十三经注疏》之经注页码和条目，下同。

此例"也差反"当作"也嗟反",应是麻韵三等开口元音高化为"e"后所改。

三、结语

通过以上考察,我们可以知道今本《释文》中为"邪"字所注之音因掺杂了后人刊改、添加及误抄的异质成分,致使其失去陆氏本真面貌,所注之音及音义之间的匹配关系也发生了错乱。其中:

1. 表"不正"之义时,唯有"似嗟反"是陆氏原书中的音切,"以嗟反""似议反"皆是后人误抄所致。

2. 表"缓也"之义时,"音余"及"又音徐"皆是陆氏原书中的音切。

3. 表"地名"之义时,"琅邪"之"邪"不出音切,今本《释文》中所出音切均为后人所添。

4. 表"语辞"之义时,"余嗟反"乃陆氏原书之音切,"也差反"则是后人在麻韵三等开口元音高化为"e"后所改。

今本《释文》在唐宋等后人据时音大批量、多层次的改良后,早已非陆氏原貌。我们要对其进行音义关系的梳理,必须先理清音切内部的语音层次,在此基础上进行音义匹配,方能还原音义关系的本真面貌。

参考文献

陆德明:《经典释文》,上海古籍出版社 1985 年版。

法伟堂:《法伟堂经典释文校记遗稿》,华东师范大学出版社 2010 年版。

卢文弨:《经典释文考证》,《丛书集成初编(合订本)》,中华书局 2010 年版。

阮元:《十三经注疏(附校勘记)》,中华书局 1979 年版。

黄焯:《经典释文汇校》,中华书局 2006 年版。

赵少咸:《经典释文集说附笺残卷》,中华书局 2016 年版。

杨军:《秽国考》,《黑龙江民族丛刊》2004 年第 1 期。

作者单位:罗　毅　安徽大学文学院

　　　　　杨　军　苏州大学文学院

校勘璞玉，韵学遗珠*

——柴化周《王仁昫〈刊谬补缺切韵〉校补》未刊稿本初探

马进勇

摘　要　柴化周校勘宋跋本王仁昫《刊谬补缺切韵》的未刊书稿复印件残本偶现书肆。受作者身份、时代背景等多种因素所限，该书稿素未为学术界所知。本文对此书稿作了较为详细的介绍，判定并证实该本为未定稿本；逐录刊发书稿《前言》全文，论述其书名宜作"王仁昫《刊谬补缺切韵》校补"；通过对柴化周后嗣的访谈，获取第一手材料，介绍了柴化周较为详细的生平和该书的撰著时间、撰写历程，并对其生平未详处作了考证；通过与诸家已刊王仁昫《刊谬补缺切韵》校记的比较，认为柴著作为传统校勘学著作，于王仁昫《刊谬补缺切韵》校勘之功，或可比肩龙宇纯《唐写全本王仁昫刊谬补缺切韵校笺》，至少有三方面的学术价值，应当受到学术界重视。

关键词　《刊谬补缺切韵》；宋跋本；校勘；柴化周；稿本

2023 年 4 月初，笔者在一家网络书店偶见一套标名为《王仁昫刊谬补缺切韵校记》的书稿旧复印件，卖家标注作者为"柴化周"。

---

* 基金项目：吉林大学研究生创新基金资助项目"隋唐五代'《切韵》系韵书'韵字对照集成与数据库建设"（2022097）；国家社会科学基金重大项目"宋代'广韵-集韵'系统韵书韵字大成、数据库建设及宋代韵书史建构"（19ZDA255）。

特别致谢：本文在撰写过程中，承蒙旧日同窗岳子寒先生鼎力相助，方才寻得书稿作者柴化周先生之后嗣；作者的两位后嗣（尊重本人意愿，不具其名）不厌其烦接受笔者访谈，不断为笔者提供信息、答疑解惑；广西师范大学文学院教授、业师萧瑜先生为笔者指点迷津，教我良多。谨此并致谢忱！本文曾于 2023 年 12 月在"中国音韵学研究第二十二届学术研讨会暨汉语音韵学第十七届国际学术研讨会（西安）"上作小组汇报，会后承蒙安徽大学文学院教授王曦先生提出宝贵修改意见，谨申谢悃！

此前所知，二十世纪曾专校王仁昫《刊谬补缺切韵》（以下非专指某一版本时，简称"王韵"）者凡三家，刘复《敦煌掇琐·琐一〇一校勘记》、龙宇纯《唐写全本王仁昫刊谬补缺切韵校笺》和赵少咸《敦煌掇琐本切韵校记》《唐写本王仁昫刊谬补缺切韵校记》《故宫博物院王仁昫切韵校记》三种；[①] 近年则有徐朝东《切韵汇校》。[②] 似未见另有专事"王韵"校勘者。笔者孤陋，在音韵学、文献学、敦煌学诸领域，亦未闻有前贤名"柴化周"者，遂起兴致。就卖家提供的几张书影作简单考究之后，即决定买下该书稿。越两日，书稿到手。

一、书稿简介

（一）书稿概况

此套书稿为旧复印件，纸张厚实，墨色鲜浓。综合纸墨、书册陈旧状况等来看，大约是上世纪七八十年代所印。共七册，皆筒子页，系将原稿的对开页两面一起复印到约 8 开的纸上，然后对折为筒子页装订而成。[③] 其中四册为包背装，三厚一薄，裁切整齐，开本大小一致，约小 16 开；三册为线装，薄册，毛边，开本大小相同，约 16 开。

原稿系以钢笔书写。就内容而言，七册之中，两册为"王韵"抄本，五册为校记，皆仅有上平声部分，系残本。

"王韵"抄本系据民国三十六年（1947）北平故宫博物院影印版宋跋本抄写，仍竖排，但不遵原书行格。主体内容为"王韵"上平声全卷，其中九鱼韵抄有三个复本。每页自画上下边栏以作版框，框内抄录"王韵"本文，时有夹注

---

① 李永富《切韵辑斠》（艺文印书馆 1973 年版）以"恢复陆韵之本来面目"为的（见"叙例·八"，第10 页），已逾"王韵"校勘之藩篱，兹不计。

② 徐朝东《切韵汇校》（中华书局 2021 年版）虽以"切韵"名，然所校非陆法言《切韵》，实为"王三""王一""王二"三种"王韵"之汇刊，仅有简单整理和校误，而无传统校勘学意义上的"汇校"。新近又有赵庸《唐写全本切韵校注》（上海辞书出版社 2023 年版）出版，系"王三"之整理校注本。笔者初见柴氏书稿时，赵庸书尚未面世。徐、赵二书皆为现代古籍文献整理出版理念指导下的"王韵"校本，似非严格意义上的传统校勘学著作。

③ 如此则使此复印件的实际页次与原稿的页次在整体上有 1 页的错位，即原稿的第 1、2 页在此复印件中的实际页次为第 2、3 页，以此类推。

校语；天头处写简要眉注校语，每叶左上角(即原稿每叶前半叶之左上角)标记该叶要目及目内抄本叶次(如"序_{一.正文}""序_{三.正文}""目_{二.正文}""東^①_{一.正文}""江_{正文.全}")；地脚处标记底本页次、行次。(如图1)

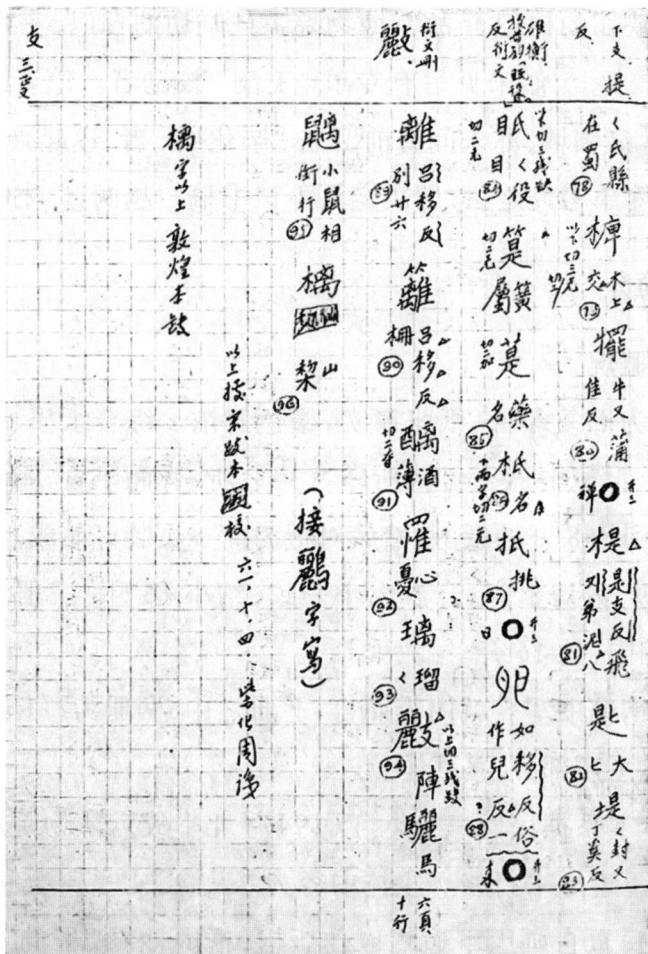

图1 书稿之"王韵"抄本内页书影

校记部分，除韵字、引文皆严格依照原书用繁体字外，自身行文繁、简字形混杂；横排书写，依次列底本页次行次、校勘条目、校勘内容；通常将韵字、音切、训释、纽字数等分别为校。天头处常有眉注，多为补正校语。每叶左上角(即原稿每叶后半叶之左上角)分两行分别标记该叶韵目和底本页次、行

---

① 为避免繁简字形多对一造成误解，并确保全文体例相对统一，行文中凡涉及韵字、反切时，悉遵原文用繁体字，不改为简体字形。

次。页脚中央以“册－页”格式标记页码。（如图2）此复印件校记部分非上平声全帙，五支韵“息移反”斯小韵“纚”条之后、六脂韵末字“衰”之前（原稿页1－86至1－131）缺，当是佚复印件一薄册；末册止于廿四寒韵“薄官反”盤小韵“擊”条。

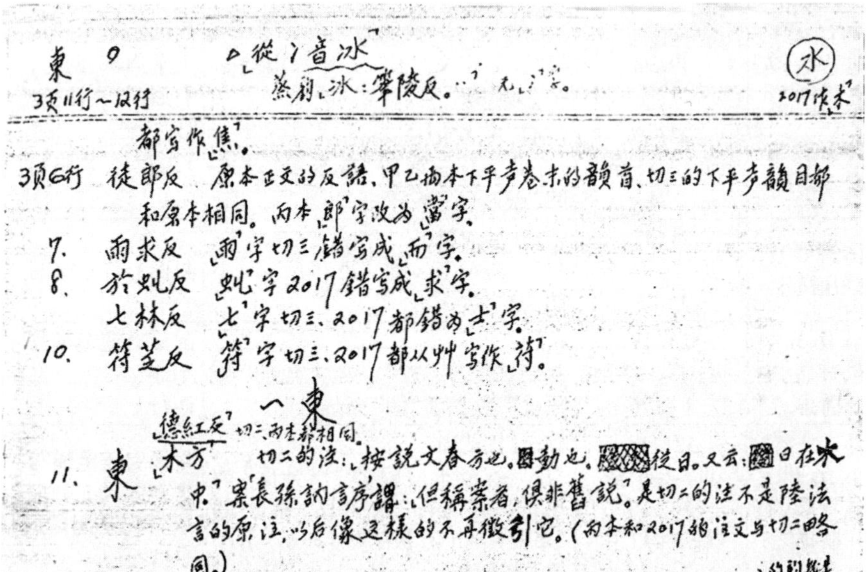
東 9 △「從冫音冰」 (水)
3頁11行～12行 蒸韵「冰：筆陵反。…」无「冫」字。 2017作木
都写作「焦」。
3頁6行 徒郎反 原本正文的反語，甲乙兩本下平声卷末的韻首、切三的下平声韻目都和原本相同。丙本「郎」字改为「當」字。
7. 雨求反 「雨」字切三錯写成「而」字。
8. 於虯反 「虯」字2017錯写成「求」字。
七林反 「七」字切三、2017都錯为「士」字。
10. 符芝反 「符」字切三、2017都从艸写作「苻」。
一東
德紅反 切二、丙本都相同。
11. 東 「木方」 切二的注：「按説文春方也。■動也。■從日。又云：■日在木中。」案長孫訥言序謂：「但稱案者，俱非舊説。」是切二的注不是陸法言的原注，以后像这樣的不再徵引它。（丙本和2017的注文与切二略同。）
「二」 切二東小韻末二，有水名的「涷」字，无從冫的「凍」字。案2017的韵数是「二加一」，「涷」在「凍」字的后面。丙本是「二加二」，「鶇涷」也在「凍」字的后面。是陸法言的切韻有「凍」字没有「涷」字，切二刪去「凍」字，增加了「涷」字。本書■和切韻相同。
凍 「凌水」 2017訓「冰」，丙本訓「水也」，廣韻訓「凍凌」。本書送韻貢反下「凍」字訓「冰々（也）」。萬象名義「凍」字訓「冰」。案原本往往讀連正文，应当是「凍凌，冰」。丙本的「水」字也是「冰」字的誤字。
本字丙本「又多貢反」，2017「又東送反」，唐韵「又都貢切」。本書送韵「凍」字在「多貢反」下面。
同 「二十一」 切二作「十八」，丙本作「十六加六」，2017只残存一个「六」字。本小韻切二和丙本的前十六个字的次第完全相同，為：同、童、僮、銅、桐、峒、硐、硐、舸、烔、曈、筒、瞳、瓶、罿、犝。再往下去兩本就不一致，可知这十六个字是陸法言切韻所原有的。
徒紅反 切二、丙本都相同。2017残存一个「徒」字。
切二「同」字也没有解說。
1—6

图2　书稿之校记册内页书影

复印件各册详情如表1：

表 1 书稿复印件各册情况概览表

册次①	开本、装订、版式	叶/页数	内容	备注
一	16开线装，左开竖排	21/42	"王韵"抄本：《刊谬补缺切韵序》至七之韵"渠之反"其小韵"琪"字	有眉注、夹注校语
二	小16开包背装，左开竖排	49/98	"王韵"抄本（接前册）："琪"字注文"玉"至廿六山韵末字"嫚"条	封面有蓝笔横写：切韵抄本、上平声部，两行；有眉注、夹注校语
三	16开线装，右开横排	23/43 页：1-1至1-43	《前言》、校记：《序目》至三鍾韵"敷容反"峯小韵"蘴"条	封面有红笔竖写：校记（一）
四	16开线装，右开横排	21/42 页：1-44至1-85	校记（接前册）："桻"条至五支韵"息移反"斯小韵"纚"条	封面有红笔竖写：校记（二）
五	小16开包背装，右开横排	23/45 页：1-132至1-176	校记：六脂韵末字"衰"条至九鱼韵"似鱼反"徐小韵"俆"条	封面有蓝笔横写："校记"、上平声部、（一）、1-132~176，四行
六	小16开包背装，右开横排	58/114 页：2-1至2-116（缺2-42和2-43）	校记（接前册）："於"条至十一模韵"戶吳反"胡小韵"頶"条；"古胡反"孤小韵"辜"条至十五灰韵"芳杯反"胚小韵"肧"条	封面有蓝笔横写："校记"、上平声部、（二），三行；缺页应是漏印原稿一个对开页
七	小16开包背装，右开横排	59/116 页：3-1至3-116	校记（接前册）："痞"条至廿四寒韵"薄官反"盤小韵"擎"条	封面有蓝笔横写："校记"、上平声部、（三），三行

此复印件虽非全帙，然亦可窥知，该书由"王韵"抄本和校记两部分组成。其结构类似今刊周祖谟《广韵校本》。

由页码编次情况可知，笔者所得复印件第三、四、五册，以及第四、五两册间佚失的一册，共计176页，为原稿校记部分第一册；第六、七册则为原稿校记部分第二、三册。

对于原稿篇帙，笔者最初曾估算，"王韵"抄本许有5册，校记部分则或达20册之巨。后在本文草写期间，蒙朋友相助，笔者有幸辗转联系上了作者的后人，对他们进行了访谈。②据他们提供的有关资料和书稿照片，知该书稿实

① 册次系笔者据内容编排。
② 尊重受访人意愿，不透露其私人信息，故行文中凡涉及时，均仅称作者"后人"或"受访人"。

有"王韵"抄本 4 册,校记 18 册。经数十年沧桑,4 册"王韵"抄本今已无觅,18 册校记仍保存完好。

(二)书稿版本

经比对作者后人提供的原稿照片,确认笔者所得复印件即系据该稿复印。书稿各册中增删、涂改等痕迹举目皆是,且偶有标示存疑待定的"?",可知此乃作者稿本,尚未完全定稿。复经求证作者后人,知其实为作者三稿本,亦为终稿本。

最初搜检文献,查得冉令闻《柴化周与〈王仁昫音韵校补〉》(以下简称"冉文")一文,不仅简要介绍了柴化周之家世、生平,而且述及该书的大致撰著背景,以及曾送出版社欲予出版等情况,颇有价值。正是根据冉文透露的一些关键信息,笔者才按图索骥,寻得更多有关作者的资料和信息,并最终直接联系上了作者后人。冉文称:

> 书既成,原稿送河南人民出版社,答应出版,二年后退稿;因为研究文字学的人很少,销路不畅。定(按:原作"订",下同)价高,无人购买;定价低,无利可图。我曾建议其子女以自费印简装本,以赠大图书馆、文字学家或大学文学系。但终因筹款不易,未能付梓。后,幸商务印书馆闻此,已将原稿取去。[①]或有问世之日。[②]

但现在看来,该书稿迄今仍未能出版。甚是遗憾! 由冉文记述,笔者曾推测,既欲出版,则在此稿本之外,或另有誊清的定本,即曾付与出版社之本。在联系上作者后人,并获见书稿原件之部分照片后,方知作者生前的终稿即为此本,并无誊清写定本。而在尚未寻得作者后人之时,笔者在本文一稿中曾忧心慨叹:"冉文迄今已逾三十年春秋,柴氏半生心血,不知其书稿尚存天壤间否!"如今知其"王韵"抄本部分虽佚,然校记部分尚保存完好,何其幸哉!

[①] 笔者就此求证于作者后人,答曰:"只给过河南人民出版社,专人又将文稿送回来,说是专人审核一遍也需两年时间,出版不了。没给过商务印书馆。"可知冉文谓河南人民出版社"答应出版","二年后"退稿,商务印书馆"将原稿取去"等不确。

[②] 冉令闻:《柴化周与〈王仁昫音韵校补〉》,《栾川文史资料(第七辑)》,1992 年版,第 176 页。

(三)书稿复印件来源

对于书稿复印件之由来,笔者购买时曾询诸卖家,谓此件应是天津余明象(生卒年未详)身后,其藏书中所出。笔者初以余氏乃音韵学者,遂信卖家所言。后在访谈作者后人时,受访人亦关注此件之来源,告以购自天津,遂引出一段故事。

津门书法家、天津师范学院(今天津师范大学)教授余明善(1916—2005)与柴化周乃旧交,屡有书信往还。蒙受访人赐示,笔者得以余氏致作者旧信数封寓目。据信中内容,余氏对柴化周校勘"王韵"之事多所关注,并有勉励和资料支持,亦曾论及书稿保存、出版诸事。彼时余氏本人也在进行"王韵"《广韵》、《集韵》诸书检字的编写。至于其胞弟余明象,受访人称,作者与之联系相对少得多。由此,笔者所得复印件当是柴化周本人寄给余明善供其参阅探讨的样稿。至于此稿最终由余氏昆仲何人处流向书肆,暂时无考。但从余明善旧信来看,对于卖家谓出自余明象旧藏之说,笔者颇疑之。

二、书稿《前言》与定名

(一)书稿《前言》

校记第一册卷首(页1–1至1–2)有《前言》一篇,兼具"凡例"性质;行文以简体字为主,间杂繁体、草书。如下图所示:

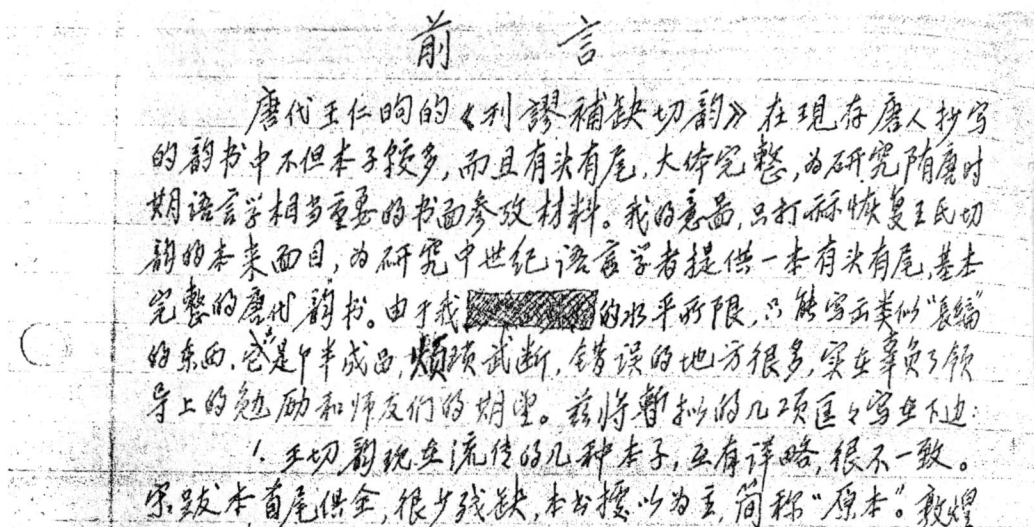

本(王子春本)和原本最相近。现在的抄本虽同出一源，颇有出入，互有长短。韵籍本简称"甲本"，敦煌掇琐本简称"乙本"。项跋本项冒王韵的名子，可是出入很大，简称"丙本"。

2. 原本两个小韵之间没有什么标志。甲本有个圈，乙本是个点。现在依据甲本和宋以后韵书旧例，韵首上面都加上一个圈，好有个区别。

3. 把原本分为了3页（每半张为一页），正本和校记都注上统一的页数行数，以便寻找对证。

4. 陆氏切韵、敦煌本王韵和原本不同的地方详细说明（字体稍异的不计），不但弄清王韵的面貌，还企图寻传陆氏的异同。

5. 项跋本王韵、唐韵、五代刻本韵书、韵书残卷，以及广韵、集韵等凡足以纠正原本错误，或证明其不误的始加徵引。

训义绝远，那本不同的就不再一一列举。

6. 原本和甲乙丙三本切一、切二、切三解说不同，是纮难定，才援引字书和旧韵的注解，区别是纮，说明三本两本就够了。不是作疏证，用不着详微博引。

7. 对于反语、又音特别注意，彼此对照，不厌其详，从"疏缓"和"精切"的对比中往往会觉察到语言发展的规律来。（广韵的直音一般不录。）

8. 韵书和字书不同。不能强韵书就字书，处处都拿说文玉篇来衡量。

9. 依据甲乙丙本改正增补的字句用朱笔写在正本之旁边。依据丙本、切韵及其他字书改正增补的字句，用墨笔写在正本书头，以示区别。

紫竹园 1973年
于洛阳市瀍北区述篑耶
合作的窑厂

校记正文前加"字"的是读又音，加"星"的是有问题的又音，加小"。"的是书注文发音，加大"。"的是增补的正文。小韵旁道的反语圆加、一、凡又音下加、一。

据《前言》，结合校记中所见实际情况，作者系以宋跋本"王韵"为底本（"原本"），以 P.2011（"敦煌本"）的两个摹本，即姜亮夫《瀛涯敦煌韵辑》摹写本（"甲本"）和刘复《敦煌掇琐》摹刻本（"乙本"），项跋本（"丙本"）、S.2683（"切一"）、S.2055（"切二"）、S.2071（"切三"）、蒋藏本《唐韵》殘卷，以及《瀛涯敦煌韵辑》所录其他唐五代"《切韵》系韵书"残卷为对校本，以《广韵》《集韵》《说文》《玉篇》《篆隶万象名义》为主要参校本，兼及《尔雅》《方言》《广雅》《龙龛手镜》等辞书，《尚书》《左传》《国语》《汉书》《荀子》等典籍，《晋书音义》等音义类文献。其中，"切一""切二""切三"同时使用《瀛涯敦煌韵辑》本（"韵辑本"）和王国维写印本《唐写本切韵残卷》（"王写本"）。此外，还对周祖谟《广韵校勘记》偶有参考、征引。

（二）书稿定名

笔者所得"王韵"抄本复印件残本中亦无任何题名。作者后人保存的终稿本校记部分，前 17 册的校记正文前有"王仁昫'刊谬补缺切韵'校记""刊谬补缺切韵校记""'刊谬补缺切韵'校记"三种题名；第 18 册笔迹不同，系他人代为誊写（详后文），校记正文前分两行题"唐人写本王仁昫刊谬补缺切韵校补/校勘（按：原作"戡"）记"。

经受访人翻检，作者旧物中尚有部分二稿本残存。在其中一册"王韵"抄本的封二上，分三行写有"王仁昫/刊谬补缺切韵校补 第一册/柴化周"诸字（如图 3）。这是目前所见唯一一处作者亲笔所写的全书题名。终稿本第 18 册所写题名"唐人写本王仁昫刊谬补缺切韵校补"与此保持了主体一致。

至于冉文称此书为《王仁昫音韵校补》，或是凭记忆取其关键词表其大意而已，应非严格依据作者所拟书名，但亦可为书名取"校补"一词之旁证。

因此，从尊重作者原意的角度，此书定名宜作《王仁昫〈刊谬补缺切韵〉校补》，或省作《〈刊谬补缺切韵〉校补》。结合《前言》来看，作者以"校补"名其书，当是意在校宋跋本之讹误及与唐五代"《切韵》系韵书"诸残卷之异同，补宋跋本之残损缺佚。

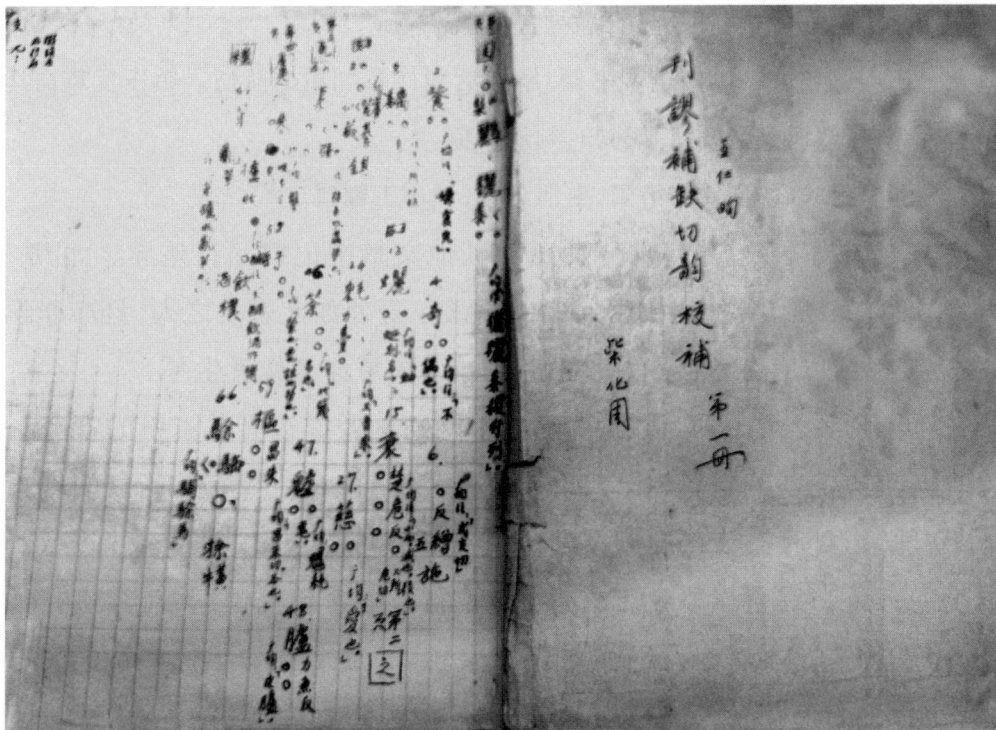

图3 柴化周《王仁昫〈刊谬补缺切韵〉校补》二稿本书影

三、作者生平考述

书稿中多处可见"柴化周""化周"署名，则其确为柴化周本人所著。今又直接联系上作者后人，获知其撰著详情，获见书稿原件之部分照片，则更无疑矣。

关于作者柴化周，笔者最初系从冉文中获得部分关键信息，略知其家世、生平：

> 柴化周，栾川潭头人。原镇嵩军第二师师长[①]柴云升之子。青年时代侨居天津，曾就学于某大学。抗日战争胜利后，先迁居洛阳，后回潭头定居。其（按：原作"期"）间，曾在"七七中学"任教，并兼办董事会事务。
>
> 洛阳解放，任教洛阳中学；郑州解放，随叶蠖生工作团到郑州从事教育恢复

[①] 据镇嵩军有关史料，柴云升之职务随镇嵩军的发展变化而多次变动，且似不曾任"第二师师长"，但一直是高层将领无疑。因非本文重点，兹不详辨。

工作；次年又调往孟津中学任教导主任。

化周解放前曾读些进步书籍，解放后毅然参加革命队伍。镇压反革命运动中，潭头区政府到洛阳将其捕归，判刑入狱。

刑满释放后，化周住洛阳，生活无着，做小工糊口。[①]

但冉文多处语焉不详，并有部分信息与其他文献中记载互有差异。尤其"生活无着，做小工糊口"之说，让笔者顿生疑窦：身处如此窘境之人，且亦非学院派专家学者，何以有"闲情"校勘"王韵"？遂决意详考作者生平。

在与作者后人取得联系之前，笔者检阅河南及周边有关省份的省、市、区县等各级政协主办的《文史资料》40余种，洛阳市及所属有关区县的地方史志近10种，已对有关柴化周的文献资料作了尽可能全面的搜集，并进行了相当程度的考证。在直接联系上作者后人之后，笔者撰拟提纲，对其进行了访谈，获得了颇多一手材料。因受访人出生较晚，加之特殊年代和特殊的家庭背景，作者出于保护家人的考虑而有很多往事不对家中晚辈提及，故对于作者早年的情况，受访人知之甚少。因此，最初的访谈主要以既有信息求证、补充的方式进行。而随着访谈的深入，受访人有感于笔者之真诚、执着，遂翻检旧物，竟重见作者生前自撰生平履历一份。蒙其信任赐阅，笔者得以详细了解作者生平。综合作者自撰履历和受访人提供的信息，谨将柴化周生平择要整理如下：

柴化周，字育贞，河南嵩县潭头镇（今属栾川县）[②]党村人。生于清光绪三十

---

① 冉令闻：《柴化周与〈王仁昫音韵校补〉》，第175—176页。
② 经查阅《洛阳市志·建置沿革志》（中州古籍出版社2001年版）等有关资料，柴氏故里潭头镇，旧属嵩县，在解放战争期间经行政区划调整，改属新设置的栾川县。

四年戊申正月十三日(公历 1908 年 2 月 14 日)^①,民国前期豫西地方武装"镇嵩军"高层将领柴云升(1882—1936)长子。7 岁上蒙学。民国四年至十九年(1915—1930),先后在嵩县、洛宁、洛阳、西安、天津等地上私塾,多为自家或"镇嵩军"统领刘镇华(1883—1956)家中。其间,民国十年至十三年曾就学于西安崇德中学。民国二十年至二十四年春,就学于北平私立中国大学。因其父抱憾于自身缺少文化而将希望寄托其身之故,二十年间,柴化周的求学生涯未曾间断,既接受了传统教育的熏陶,又接受了新式教育的训练,学殖深厚。大学毕业后,闲居天津。

民国三十一年(1942)自天津回河南,居孟津;次年返回原籍潭头。民国三十三年 5 月,嵩县城沦陷。随后,日军突袭潭头,致使流亡潭头的河南大学被迫撤离,继续西迁。^②日军走后,当地乡绅接办由河南大学创办的私立七七中学。是年秋,至民国三十六年秋七七中学因战乱被迫停办止,柴化周先后任七七中学

---

① 对应公历日期由陈垣《中西回史日历》查得。按,受访人最初告诉笔者的作者出生日期为阳历"1908 年 3 月 2 日",称"老人去世时墓碑上刻的即此时间"。公历 1908 年 3 月 2 日为清光绪三十四年戊申正月三十。然笔者查得,《河南文史资料》第十辑(1984)曾刊载柴化周撰于 1964 年的旧文《洛阳地区红枪会的兴起与消灭》,篇末所附作者简介称其"一九○八年二月生"。其后,《洛阳文史资料》第五辑(1988)所刊柴化周遗稿《洛阳红枪会之形成及其活动情况》(撰于 1964年),《洛阳文史资料》第七辑(1990)所刊柴化周遗稿《胡憨战争中的镇嵩军》(撰于 1963 年),篇末作者简介亦称其"1908 年 2 月生"。"3 月 2 日"和"正月三十日"均与"2 月"之说相抵牾。遂就此疑惑再次询于受访人。复经受访人向其家中鲐背老人求证,方才获知作者生日实为"阴历正月十三,属猴"。由此,受访人称"3 月 2 日"或是户籍上的疏误所致,应以"正月十三"为是。

② 河南大学流亡潭头期间,柴化周对河南大学多有帮助。参见张放涛主编《潭头岁月——抗日战争中的河南大学》(河南大学出版社 1996 年版)一书中收录的柴化周《日寇侵占潭头,河南大学遭劫》文(第 133 页)。按,据该书序和后记,其组稿始于 1994 年末。彼时柴化周已作古十年有奇。但该文颇似专为河南大学校史所撰,且书末"编写人员"名录中亦列有"柴化周"之名。对于该文的来历,受访人称"不清楚"。

训导主任、校务主任。①民国三十七年4月洛阳解放后,文教局迅速创办洛阳联合中学(后改名洛阳中学),柴化周在该校任教至次年底。其间曾调郑州、开封、洛阳市文教局。1950—1952年9月,调孟津中学,先后任"短师班"班主任、教导主任。

1952年9月,因家庭历史问题,柴化周被栾川县逮捕,判刑劳改五年。1957年10月刑满释放,返回洛阳。此后,转变为体力劳动者。

在经历了半年多的临时工和一年的铁矿采矿工之后,自1959年8月起,先后在洛阳市洛北区"建筑服务队、建筑公司、建筑社、钻探社"、建筑服务公司等单位当钻探工。②后因洛阳博物馆有大量新出墓志亟待整理,柴化周以其深厚的旧学底蕴被借调到洛阳博物馆,从事墓志拓片整理工作,直至1976年底因脑梗致脑溢血住院方才退休。晚年偏瘫。1984年6月4日病逝于洛阳,享年77岁。

---

① 其间,民国三十五年(1946)冬,柴化周曾解救过以七七中学任课教师身份为掩护,在嵩县伏牛山区进行地下工作而遭遇抓捕的现代诗人、作家牛汉(1922—2013)夫妇。事见刘珂《牛汉评传》(太白文艺出版社1993年版,第109—110页),何启治、李晋西编撰《我仍在苦苦跋涉——牛汉自述》(生活·读书·新知三联书店2008年版,第79—80页),桂文健等编著《名人历险记》(广西人民出版社1991年版,第461页)。

牛汉晚年在上述有关回忆中,称柴化周为七七中学"校长"、"北京大学"毕业生。因有柴化周自撰履历为证,可知牛汉所言有误。《栾川文史资料》第一辑(1986)所刊马洪恩《我县第一所中学——私立"七七中学"》文中有关记述亦可为佐证。

而牛汉的回忆中特别说明"1947年洛阳解放后,柴化周为首任副市长",言之凿凿,曾让笔者颇费笔墨考证此事。在联系上作者后人之前,经深入考证,笔者即认为牛汉之说当系讹传(兹不详述)。后见柴化周自撰履历中确无此经历,复求证于受访人,亦明确答曰:"副市长是没有的事。"故为子虚乌有。但也因此辨明,同一时期另有与作者年齿相仿、毕业于私立焦作工学院(今中国矿业大学前身)的同名革命工作者、矿井建设专家柴化周(生卒年不详)。笔者通过查阅焦作工学院校史、多种煤炭史志、回忆录等有关资料而知其生平大要。若洛阳解放之初确曾有过名为"柴化周"之副市长,则此"焦工校友"似有可能即其人。若然,则牛汉或因道听途说而致张冠李戴。

② 引号中内容系作者自撰履历中原文。这些不同的单位名称,或与最后的"建筑服务公司"均为同一家单位,只是在不同时期其名称及组织结构等有所调整、变化,且该单位或为洛阳市文管会下属单位。对此,受访人亦不甚清楚。作为一名钻探工,作者当时的主要工作是,在文管会的领导下,使用"洛阳铲"对将要进行基建的区域作初步考古勘探,探明地层状况,勘察是否存在古墓等历史遗迹。

对于柴化周借调洛阳博物馆整理墓志拓片的具体时间，因年代已久，且受访人自身年事渐高，已记不确切，唯称大约是在 1975 年左右。受访人的理由是，早期作者干体力活，下班回家后抽空写书（校勘"王韵"），脑力劳动与体力劳动相结合，身体相安无事；借调到博物馆后，白天在单位写，回家又自己写，整天都是脑力劳动，约两三年时间，身体就吃不消了，以致引起脑梗。

对此，笔者查得两条直接相关的资料。《洛阳市老城区志·人物·人物简介》之"郭文轩"条提及：

> （郭文轩）还与柴化周合作整理了洛阳历代墓志拓片 3700 份，编写了《洛阳出土墓志拓片目录》一书。[①]

李冷文追怀郭文轩文《哲人其萎——肃秋怀文轩》中则明确述及时间：

> （郭文轩）1966 年与柴化周先生共同整理了洛阳历代墓志拓片三千七百份。
> 编写了《洛阳出土墓志拓片目录题要》一书。[②]

但这与受访人提供的时间信息差异颇大。笔者向其提及"郭文轩"，受访人称，正是他将柴化周借调过去的，但也强调："郭文轩不会一经人介绍就调动人。至于他们从什么时候开始接触的，我不清楚。"

郭文轩（1910—1991）是文物考古专家、文史学者，曾任洛阳市文管会副主任、洛阳博物馆馆长等职。查其有关资料，周军《郭文轩事略》文亦把郭文轩"将各个时代的 3700 余份墓志拓片分类整理，并编写成《洛阳出土墓志拓片图录》一书的初稿"叙于"1966 年，'文化大革命'开始"之前。但该文同时提到，"'文革'后期，他（按：郭文轩）又回到洛阳博物馆工作。当时是半天劳动，半天参加墓志的整理。"[③]郭文轩逝世后，其官方悼词则称："在长达二十二年的蒙冤困境中，他勤奋工作，参与整理了洛阳历代出土的墓志拓片近四千份，并编写了近百

---

① 洛阳市老城区志编纂委员会编：《洛阳市老城区志》，河南人民出版社 1989 年版，第 334 页。
② 李冷文：《哲人其萎——肃秋怀文轩》，《西工文史资料（第六辑）：人物春秋（之一）》，1993 年版，第 137 页。
③ 周军：《郭文轩事略》，《西工文史资料（第六辑）：人物春秋（之一）》，第 126—127 页。

万言的《洛阳出土墓志目录摘要》。"①由此可知,洛阳博物馆整理墓志的成果乃鸿篇巨制。整理工作受"文革"影响,持续时间颇长,跨越"文革"前后。

另外,受访人亦称,因柴化周一些朋友的关系,或许其早期亦曾参与墓志整理工作,但"正经借调到博物馆的时间要晚些"。笔者亦曾致电洛阳博物馆,试图通过调阅有关旧档案查询柴化周借调入馆时间及参与墓志拓片整理的情况,答称"文物信息和人员信息属于内部资料,不对外提供"。无果。

综合以上信息,笔者暂时只能更倾向于认可受访人所讲述的时间,即1975年左右,柴化周才被正式借调到洛阳博物馆。②

在作者自撰履历和其后人提供的信息之外,笔者还查得孙乃薰《河洛名儒许鼎臣》文中提及,柴化周为中州名儒许鼎臣(1870—1933)及门弟子:

> (许鼎臣)先后设教临汝岭头镇杨氏家塾、本籍龙嘴山馆、洛阳城内河洛国学专修馆(清代"三府衙门"旧址),达20余年,有教无类,因才以施。及门者,率皆有卓越成就。如孟津万宝祯(曾任……)、洛阳王凤岑(……)、孙贡九、浚县孙思昉(……)、嵩县张茆园(……)、柴化周等。③

四、撰著时间及历程

(一)撰著时间

关于书稿撰著的起止时间,所得复印件残本中未见明确记载,冉文中亦未述及。但冉文有"经二十年之辛苦研究"之说:

> 刑满释放后,化周住洛阳,生活无着,做小工糊口。常以满腹知识不能为国

---

① 郭文轩同志治丧委员会:《哀悼郭文轩同志》,《西工文史资料(第六辑):人物春秋(之一)》,第144页。按,对于洛阳博物馆墓志拓片整理的成果,上述四处表述各有差异,综合来看,既为"近百万言"之巨著,则或以李冷文所谓"《洛阳出土墓志拓片目录题要》"为是,但该书似迄今未见出版。

② 《洛阳文史资料》第五辑、第七辑分别所刊柴化周遗稿《洛阳红枪会之形成及其活动情况》《胡憨战争中的镇嵩军》篇末所附作者简介皆称其"建国后在洛阳市文管会工作"。此说不确,应即指柴化周曾在洛阳市文管会的领导下从事考古勘探工作。笔者亦是据此说推测,彼时柴化周所在工作单位或系洛阳市文管会下属单位。

③ 孙乃薰:《河洛名儒许鼎臣》,《孟津文史资料(第二辑)》,1988年版,第17—18页。

家出力而郁郁不乐。某日偶得古书……①化周当时虽生活艰辛，但为挽救这份文化遗产，仍下决心要对此书考据、整理，以补缺漏，使之恢复原书面貌。后经二十年之辛苦研究，参考《尔雅》等大量古书，终将原书补校完全，名为《王仁昫音韵校补》。②

在上平声的两册"王韵"抄本中，时有作者复核其所抄校内容的小识（参见图 1），大多见于韵末，亦有 4 处见于韵中。小识凡 30 处，其中署有日期者26 处。所署日期最早为 1961 年 9 月 24 日（中秋节），最晚为 1964 年 8 月 30 日。因其明确标记为"復"，并对复核发现的疏误及订正情况亦有记载，且系用业余时间撰写，故作者实际开始着手此项校勘工作的时间应远早于 1961 年 9 月。

笔者就书稿撰写起讫时间询诸作者后人。对于书稿的写就时间，受访人很确定是 1979 年，称彼时作者已因脑溢血致偏瘫，作者之四女婿曾助其誊写，才最终完成。今所见原稿校记部分末册之字迹明显异于前 17 册，即作者女婿助为誊写。至于校勘工作的起始时间，其时受访人年少懵懂，已不记得具体年月，仅称，作者"刑满返家，为生活用的时间多"，"早也是五十年代末"。而在其近年所撰的一篇追忆作者的旧文（未刊）中，则有"1958 年"之说。从上世纪五十年代末始职其事，至 1979 年三稿誊毕，时间跨度确有足足二十年之久。

（二）撰著历程

据受访人回忆，作者撰写此书的过程大致有三个阶段。第一阶段，"把各韵部有关的字（及校语）写到任何可用的纸上"，"先在某一纸上写某一字（及校语）。随着时间的推移，某一纸上收的字多，某一纸上收的字少"。即相当于做卡片。蒙受访人从作者旧物中检出、赐示，笔者获见这一阶段残稿数页，系写于当时家中小孩所用作业本的残纸上。（如图 4）第二阶段，"开始往本子上写，写了若干本，但不是定稿"。第三阶段，"复核后，往 50 页、100 页的硬皮本

---

① 此处原文是关于柴化周用作校勘底本的宋跋本影印本之叙述，张冠李戴，错讹颇甚，亦无关要旨。为避免给读者造成困惑，且本文亦无着墨正其讹谬之必要，故从略不录。

② 冉令闻：《柴化周与〈王仁昫音韵校补〉》，第 176 页。

上写,共18本"。即今所存本。

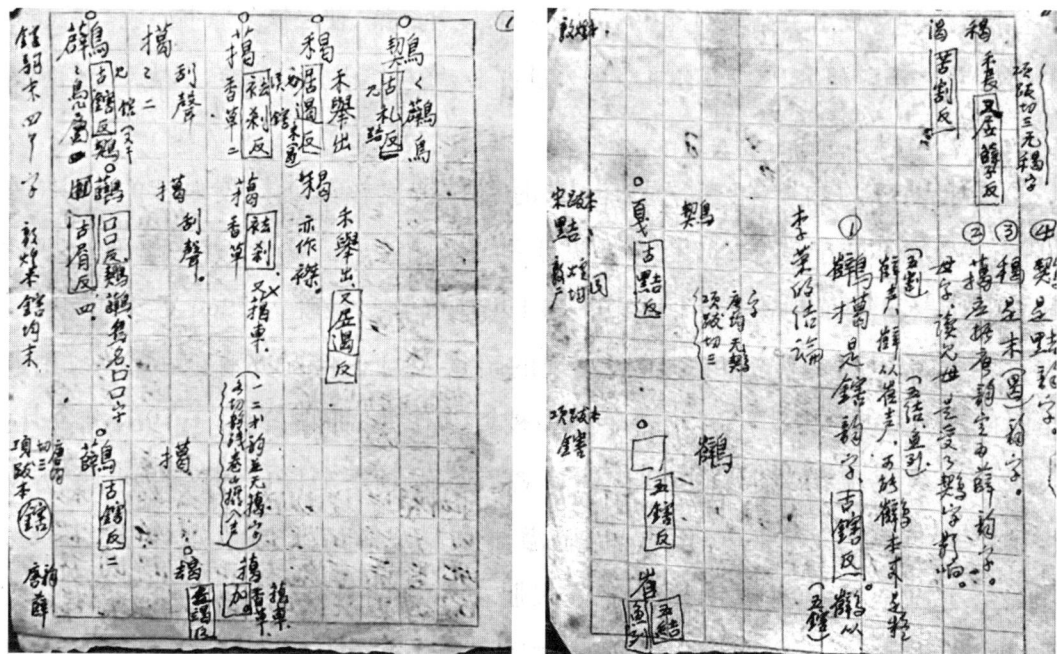

图4　柴化周《王仁昫〈刊谬补缺切韵〉校补》一稿残叶

书稿撰著之时,正值特殊年代,加之家庭历史问题的影响,柴化周屡遭冲击。先是从文化人、"劳心者",一朝沦为阶下囚,被"发配"边疆"劳改";出狱之后,又转为不折不扣的"劳力者"。落差不可谓不大。但其不为现实所屈,矢志二十年,最终撰就了《王仁昫〈刊谬补缺切韵〉校补》这一皇皇巨著,何其不易!作者之坚韧、执着,何其令人钦佩!

五、学术价值略说

粗阅书稿,笔者以为,柴化周《王仁昫〈刊谬补缺切韵〉校补》至少有以下几方面的学术价值。

首先,如本文开篇所述,百年来,专校"王韵"者寡。毋庸赘言,柴化周此书面世,可增"王韵"校勘一家之言。

其二,刘复(1891—1934)、赵少咸(1884—1966)、龙宇纯(1928—)三家校记,各有其功,亦各有缺憾。刘复《敦煌掇琐·琐一〇一校勘记》于"王韵"

校勘有草创之功。然敦煌本（P.2011）为残卷，且刘氏以"韵纽异同，注释详简，已详《十韵汇编》，此不复及"①，仅为文献学之比勘，而无音韵学之校勘，校记亦甚简略。遑论彼时宋跋本未出，前修未密。赵少咸"王韵"校记三种②，文献校勘与音韵校勘兼顾。然其成书较早，当在《瀛涯敦煌韵辑》出版之前，除刘复所刊敦煌本外，未及校诸敦煌、吐鲁番所出其他"《切韵》系韵书"残卷。③复因"文革"祸乱，稿多散佚，今所刊者，仅《敦煌掇琐本切韵校记》独存全稿，"王仁昫"两种惜非完璧。唯龙宇纯《唐写全本王仁昫刊谬补缺切韵校笺》为校宋跋本之全帙，皇皇巨著也。然其书虽力校宋跋本之误，却于诸本之别时有未逮。

柴化周虽非学院派学者，也不是专门的音韵学家，其亦自谦"水平所限"而将其书定性为"类似'长编'的东西""只是个半成品"，但皆不足以掩盖其深厚的旧学功底、严谨的治学风格，以及该书的学术成就。其书征引广博自不待言，对于宋跋本所收韵字，更是综合运用传统校勘学的对校、本校、他校、理校诸法，几乎逐字为校，不仅校误，也兼校异；亦几乎对其通过《唐写本切韵残卷》《敦煌掇琐》和《瀛涯敦煌韵辑》看到的全部敦煌、吐鲁番所出"《切韵》系韵书"残卷作了严格对校。这是龙校亦所未及的。

作者极其严谨，凡征引诸本原文，一点一画皆遵原书，无有差异；对于一

---

① 刘复：《敦煌掇琐·琐一〇一校勘记》，台湾"中研院"历史语言研究所1991年版，第1页"凡例·一"。
② 《赵少咸文集》（中华书局2016年版）中，因直接影印赵氏原稿之故，"王韵"校记有三种。但若就内容言，实只两种。其《唐写本王仁昫刊谬补缺切韵校记》和《故宫博物院王仁昫切韵校记》皆系以宋跋本为底本，校以刘复所刊敦煌本（P.2011）、内府本（项跋本）、《广韵》《集韵》《说文》《玉篇》等，实同为"宋跋本《刊谬补缺切韵》校记"。从具体内容看，两者似为稿本与增订誊录本之关系。
③ 赵少咸三种"王韵"校记之成书时间皆未详。今刊《唐写本王仁昫刊谬补缺切韵校记》和《故宫博物院王仁昫切韵校记》两种残稿，除"掇琐本"之外，皆未见一处涉及敦煌、吐鲁番所出其他韵书残卷。可知此两稿撰就之时，赵氏当尚未获见《瀛涯敦煌韵辑》。又据《赵少咸文集》各本前载《赵少咸生平简介》，至迟自1953年起，直至1962年，赵氏已倾力于《广韵疏证》《经典释文集说附笺残卷》二书之编撰，甚至还另聘专人相助，则其彼时似应无暇他顾。俟二书撰成，其已耄耋之年。此或亦可旁证其两种"王仁昫"校记之成书当早于1955年《瀛涯敦煌韵辑》之出版。

时无法的断正误处,宁可阐其理而存其疑,亦不轻下按断。兹摘录三处为例,以示其大端。

例一:(页1-6,一東,"德紅反"東小韵,参见图2)

例二:(页1-28,页1-29,二冬,"在宗反"賨小韵)

慄 「一曰」丙本、2018、廣韵都相同，切二「一」字缺。
（万象名义训「慄也」「懅也」。）

潨 「又職隆反」丙本、切二都相同。2018作「又之戎反」。廣韵作「又俎
紅職戎二切」。本书東韵「職隆反」下有「潨」字，还说：「又在冬反
俎紅反」下没有这个字。

潨 廣韵▨「又士江切」。本书江韵没有「士江」这个音。

13

㦁 切二没有这个字。

㦁 「又似冬反」丙本相同。廣韵作「又似由切」。按万象名义「㦁」字只有「似冬」一
音，玉篇「㦁」字，昨遭切，又俎冬切，又音囚，都没有似冬一音，本书尤韵
囚小韵（似由反）里「㦁」字倒说是「又似冬反」，本韵都没有似冬一
音，若按邪母归从母来讲，则万象名义和本韵的「似冬」就是本小韵的
「在宗」，也就是这屬的「俎冬」，这里的又音，则应当根据廣韵改为
「似由」。但是原本丙本都作冬不作「由」，丙本相同，未敢擅改。

崇 切二没有这个字。

崇 「高皃」玉篇训「高崇皃」，廣韵训「高崇」，集韵也说是「高崇也」。
丙本训「大高」，万象名义训「大高皃」。

崇 廣韵「又士江切」。本书江韵无「士江」一音。

例三:（页1-77，五支，"吕移反"離小韵末四字，即P.2011残卷之始）

檪 「山梨」「梨」字甲乙两本、切二、切三、丙本、唐写韵书、廣韵，都写作「梨」，实际是一个字。
本书脂韵也写作「梨」（力脂反）。

鸝 正文甲乙两本、切二、切三、唐写韵书，都相同，丙本错写为「鸝」字。
「黄鸟」甲乙两本、切三都相同，切二训「鸟」。「黄鸟」丙本只作「黄鸟」。
唐写韵书、玉篇、廣韵，只作「鸝鸟黄」。
「或作鸄」甲乙两本相同，切三、切二都没有或作，丙本作「又鸄」，玉篇、廣韵
有鸝鸄，集韵「離：或作鸝、鸄」。

纚 「妇人香纓」甲乙两本、切二都相同，切三注文缺。（丙本「纓」下有「以以
来介顏」等五个字。本说文，多写一「以」字，「纍」错写为「来」字。）

䍥 「䍥」字丙本、切二、廣韵都相同。乙本写作「江」，甲本错写为「讁」字。按
江韵古雙反下有「䍥」字，训「離」，本玉篇。此处原本为是。
切三缺。

第三,作者在《前言》中明确提出:"韵书和字书不同。不能强韵书就字书,处处都拿《说文》《玉篇》来衡量。"这一理念对于韵书校勘,尤其是音韵学角度为主的韵书校勘,颇有指导意义。

至于该书之缺憾,就笔者目前仅见,唯在二端:其一,偶有按而未断处,以及存疑未定处。此或确因作者自身音韵学素养之限所致,亦当与作者晚年罹患偏瘫,未能亲自董理定稿不无关系。其二,行文与表达较为"别扭"。因时代背景所限,作者行文以简体字为主,但繁简掺杂颇甚。亦或是"破四旧"之"后遗症",作为专业性极强的学术著作,作者的行文表达却全用口语,大白话。甚至偶见原已写作简练、正式的学术表达,也涂改为纯口语表达。如将先写的"讹作"划掉,改为"错写成"(页1-23)。但时光不能倒流,我们亦不能"以今律古",以今日之标准强昔时之作者。况且,此等问题瑕不掩瑜。

作者单位:吉林大学文学院

《根本说一切有部毗奈耶》
音义校读札记*

朱齐冰

摘　要　慧琳《一切经音义》及可洪《新集藏经音义随函录》对研读佛经至关重要,但其中存在的一些疏误及疑难字词有待校理。今以二书有关《根本说一切有部毗奈耶》部分的音义为例,进行四个方面的工作:校正音义中的文字讹误,纠正训释的阙失,考释疑难字词、字音,以及根据音义考察早期的佛经字用情况。

关键词　《根本说一切有部毗奈耶》;慧琳;可洪;音义;校读

佛经音义是帮助读者理解佛经疑难字词、排除阅读障碍的著作,具有文字、音韵、训诂等多方面的作用。慧琳《一切经音义》(简称《慧琳音义》)及可洪《新集藏经音义随函录》(简称《可洪音义》)是佛经音义的重要代表,由于传抄刊刻或作者疏漏,二书中也存在一些讹误阙失,有待整理;同时音义中也存在疑难字词及尚未梳理的反映字用关系的条目。《根本说一切有部毗奈耶》(50卷)是唐代高僧义净所译,慧琳及可洪皆为之训释了音义,今结合经文,对慧琳、可洪为此部分所作的音义进行校读整理,分为以下四个部分:

1.文字讹误

1.1 涨日

《根本说一切有部毗奈耶》(以下简称《毗奈耶》)之《大唐中兴三藏圣教序》:"纵使浮天欲浪,境风息而俄澄;涨日情尘,法雨霈而便廓。"(Z38/244/

---

*　基金项目:国家社科基金重大项目"宋元明清文献字用研究"(19ZDA315)。

b)①按,"涨日"《可洪音义》(Z59/1128/c)②及《慧琳音义》(1571页)皆作"涨曰",盖"曰""日"形近误也。"涨日"《汉语大词典》未收,"涨"乃"弥漫"义,《法苑珠林》卷七十三:"罝罗亘野,罦网弥山,或前络后遮,左邀右截,埃尘涨日,烟火冲天。"(T53/840/a)《文苑英华》卷566《为纳言姚璹等贺破契丹表》:"起沙砾而薄天,助兹罶皎;吹烟火而涨日,燎彼鸿毛。"指烟火或灰尘弥漫,遮蔽天空。序文"涨日情尘,法雨霑而便廓"则是指天空为情欲的尘垢所遮蔽,而佛法之雨使之澄净开阔。

1.2 脊䏥

《毗奈耶》卷3:"若其此象皮肉、血脉皆充满者,是谓一处。若其身羸瘦,若牙耳鼻及腹肋脊腰据一一处,是谓别处。"(T23/639/c)"脊腰"宋、元、明、宫本作"脊腿"。《可洪音义》:"脊䏥,他罪反。"(Z59/1129/c)《毗卢藏》随函《音义》亦作"䏥"(3409/3)。③从字形上看,"䏥"即"腿"字,然"腿"中古属澄母真韵,《广韵》驰伪切,与"他罪反"透母贿韵有别。盖此条"腿"为"腿"之误,《慧琳音义》作"脊腿"(1575页),《思溪藏》随函《音义》作"腿"(3429/33)。

"腿"字误也。《玉篇·肉部》:"腿,重腿,腿病也。"《集韵·真韵》:"腿,足踵也。""足踵"义的"腿"虽置之原文可通,然于注音不协。"追""退"易讹,古籍多有,《礼记注疏·檀弓下》:"晋人谓文子知人,文子其中退然,如不胜衣。"郑玄注:"中,身也;退,柔和貌。"《释文》:"追然,音退,本亦作退,和

---

① 本文所引佛典底本主要为《大正藏》,佛典标注格式为:"T"指《大正藏》、"Z"指《中华大藏经》、"X"指《卍新纂续藏经》、"J"指《嘉兴大藏经》,大写字母之后的数字及字母分别代表"册数""页数""所在栏"(a、b、c分别表示上、中、下栏)。

② 本文所引《慧琳音义》及《续一切经音义》以徐时仪整理《一切经音义三种校本合刊》(上海古籍出版社2023年修订第二版)为底本,参考《高丽藏》本,随文标注页码;《可洪音义》以《中华大藏经》为底本,页码标注同佛典标注方式;此外《毗卢藏》为日本宫内厅书陵部藏本,《思溪藏》为国家图书馆藏本,括号内分别为"卷标号"及"所在页数";《碛砂藏》为线装书局2005年影印本,括号内分别为"册数"及"所在页码"。

③《毗卢藏》对应经文作"脊腿",与随函《音义》有别。

柔貌。"则陆德明所见本"退"作"追",二者字形、读音皆相近^①,《集韵·队韵》:"追,和柔皃。"当本《释文》。而"退"字《衡方碑》作"退",《肥致墓碑》作"退",《曹全碑》作"退"(毛远明,2014:899),与"追"形近。佛经中亦多"追""退"异文,《佛说义足经》卷1:"飞响不及无常,珍宝求解不死,知去不复忧追,念行致胜世宝。"(T198/174/c)"追"字宋、元、明本作"退",当以"追"为是,"忧追"《佛学大辞典》及《汉语大词典》未收,为"忧思追念"之义,《尔雅·释诂下》:"忧,思也。"《大般涅槃经疏》卷5:"凡夫八风,得失忧喜,道与俗反,升沈硕异。何者?失不可愁忧追,喜不可愁恼得。"(T38/66/c)"忧追""恼得"对文。又葛洪《肘后备急方》卷3:"此谓奔豚病,从卒惊怖忧追得之。""奔豚"又作"贲豚",主要症状是"气上冲","卒惊怖忧追得之",可见此病由猝然惊恐或忧思追念所致。

1.3 梁笭

《慧琳音义》卷60《根本说一切有部毗奈耶律》卷3:"渠笭,上即鱼反,梁也。下七缘反,捕鱼竹器也,形声字。"(1575页)按,"渠"字误也,当作"梁"。对应经文为《毗奈耶》卷3:"若捕鱼人及彼徒党,于河陂处截其要口,安置梁笭杀诸鱼类,苾刍盗心取彼笭时同前得罪;若作悲心同前得罪。"(T23/640/b)各本同。《可洪音义》亦作"梁笭",是也。唐陆龟蒙《渔具诗序》:"笭之流曰筒、曰车,横川曰梁,承虚曰笱。"其《鱼梁》一诗:"能编似云薄,横绝清川口。缺处欲随波,波中先置笱。"可知"鱼梁"即是水中所筑的堤坝,留下缺口安置竹笱以捕鱼,"笭"与"笱"皆捕鱼器,《玉篇·竹部》:"笭,捕鱼笱。"可见"梁笭"为置于捕鱼河堤之捕鱼器,承佛经前文"河陂处截其要口"而言。而"渠"为沟渠、水道,与前文"河陂"无涉,"渠笭"不知所指,当作"梁笭"。"渠""梁"因形近讹混,《全唐诗》卷一百五十九孟浩然《深谿疾愈过龙泉寺精舍呈易业二公》:"石渠流雪水,金子耀霜橘。""渠"字下注"一作梁";又《荀子·非相篇》:"府然若渠匽檃栝之于己也。"杨倞注:"渠匽所以制水,檃栝所

---

① "追""退"上古皆属微部字,声母皆为舌音。

以制木。"《读书杂志》王引之言正文及注文之"渠"皆为"梁"字形近之误,引文献中的"渠""梁"异文为证。而"渠"本无"梁"义,《慧琳音义》释"渠"为"梁",或以为此处当作"梁"字来理解。

1.4 杷钁

《毗奈耶》卷12:"阐陀报曰:'贤首! 汝可持笼把钁执斧,我当一倍还汝价直,当随我来示汝作处。'便将诸人诣彼大树,报言:'可伐此树。'"(T23/690/c)"钁"宋、元、明、宫本作"钁",《慧琳音义》:"杷钁,诳籰反,《韵英》云:'钁,斸也。'《说文》:'大鉏也,从金从籰省声也。'籰音王攫反,斸音冢録反,鉏音助初反。"(1579页)《毗卢藏》随函《音义》:"钁,俱缚反。"(3420/3)《思溪藏》随函《音义》同。按,经文"钁"当依宋、元、明、宫本及各音义作"钁",《玉篇·金部》:"钁,鼎钁。"而"钁"为大鉏(锄),是可用以铲除、挖掘的农具,徐光启《农政全书》卷二十一"钁"条:"盖农家开辟地土,用以斸荒。凡田园山野之间用之者,又有阔狭大小之分,然总名曰钁。"上文所述砍伐大树,使用的当是"钁"而非"钁",二者形近而误。而《慧琳音义》之"杷钁",当是"把钁"之误,"木""扌"旁形近致误,"持笼""把钁""执斧"皆为动宾结构,动词搭配工具类名词。"杷"虽亦为农具,然与此处句式文意不协,故不取。

1.5 援人

《毗奈耶》卷35:"时诸商人报苾刍曰:'我欲令人相逐往至城中更觅路粮,仁当看买,回还之日幸给援人,勿使中途致遭贼盗。'"(T23/819/c)《可洪音义》:"援人,为愿反。"(Z59/1135/c)音义"人"当为"人"之误,"援人"即护卫之人,取"援"之救援义。后文有"报言:'几将失命,宁有路粮。'问曰:'岂不圣者与汝援人'"。"援人"乃"防援人"之词语紧缩,《毗奈耶》卷8:"时摩揭陀有诸商人,欲往憍萨罗国,闻此事已遂多觅援人,持诸赇货随路而去,过摩揭国界入憍萨罗境。"(T23/664/c)宋、元、明本"援人"作"防援人"。此外外典中的"援人"与佛典有别,《大戴礼记》卷4:"君子己善亦乐人之善也,己能亦乐人之能也,己虽不能亦不以援人。""援人"即引取他人之功,"援"表引用义,王聘珍言:"援犹引也、取也,谓引取人之能以为能也。"①《汉书·傅常郑甘陈段传》:"至今奉使外蛮者,未尝不陈郅支之诛以扬汉国之盛,夫援人之功以惧敌,弃人之身以快谗,岂不痛哉!"颜师古曰:"援,引也,音爰。"

2.训释失误

2.1 骈踪

《毗奈耶》之《大唐中兴三藏圣教序》:"澄安俊德,接武于胜场;琳远高人,骈踪于法宇。"(Z38/244/c)《慧琳音义》:"骈踪,上瓶眠反。《玉篇》云:'骈犹罗列也。'下足容反。《淮南子》云:'行则有踪。'"(1571页)按,《慧琳音义》引《玉篇》"骈犹罗列也","骈"有"并列"义而无"罗列"义,"骈"后脱"罗"字,当补。《慧琳音义》卷40《狮子庄严王菩萨请问经》:"骈罗,上辫眠反,顾野王云:'骈罗,犹罗列也。'《说文》:'从马并声。'辫,音便面反。"(1204页)《文选·甘泉赋》:"骈罗列布,鳞以杂沓兮。""骈罗"与"列布"义同。序文中"骈"当为"并列"之义,与"接武"对应,指慧远及南朝宋慧琳并驾齐驱,宣扬佛法。又《可洪音义》:"骈踪,上步田反,并驾三马,又开阗,车马盛皃也。"(Z59/1128/c)"并驾三马"当为"并驾二马",《说文·马部》:"骈,驾二马也,从马并声。"《广韵·先韵》:"骈,并驾二马。"而"开阗"之"开"即"骈"字,涉下字"阗"而类化。"骈阗"为联绵词,多见佛典,又作"骈田""骈填",不光指车马盛,还可形容人众多,如《文选·西征赋》:"都中杂沓,户千人亿;华夷士女,骈田逼侧。"又作"軿填""軿阗",《太平广记》卷三百九:"则有老蛟前唱曰:'湘王去城二里,俄闻軿阗车马声。'""軿"本义为"辎车",这里用与"骈"同,"阗""填"通用。

2.2 谅属

《大唐中兴三藏圣教序》:"龙宫将八柱齐安,鹫岭共五峰争峻。大弘佛教,谅属皇朝者焉。"(Z38/245/a)《可洪音义》:"谅属,上力向反,下朱玉反,

---

① 《大戴礼记解诂》卷四,广雅书局丛书本。

相连也。”(Z59/1128/c)释“属”为“相连”,不确,这里“属”表示“归属、属于”,“谅属”即料想、应当属于。《旧唐书·魏元忠传》:“手勑曰:衣锦昼游,在乎兹日;散金敷惠,谅属斯辰。”“谅属斯辰”即应当属于这一天。又《碛砂藏》本《方广大庄严经序》:“白马东来,岂直摩腾之辈,大弘佛教,谅属兹辰。”(26/561/a)《慧琳音义》:“谅属,上良尚反,《尔雅》云:‘亦道也。’郭注云:‘皆谓教導也。’顾野王:‘王导亦谓教導也。’《说文》从言導声,言与道同。”(921页)此处“谅属”之义与《大唐中兴三藏圣教序》同,慧琳这里破读“谅”为“亮”,《尔雅·释诂》:“亮,导也。”“亮”有“辅佐、辅导”义。“谅”“亮”经传多借用,而正文中当以“谅”为是,不必读破。

2.3 廠庘

《毗奈耶》卷25:“时居士子耕至日晚,牛放青稊,躬持草檜,并取柴束,驱畜而归,至彼村隅。长者迎见,遂即相将到其宅所,时居士子扫除廠庘,布以干土,并设火烟,多与牛草。”(T23/763/c)《慧琳音义》:“敞庘,上昌掌反,《考声》:敞,露也,明也,开也。《说文》:平治高土,可远望也,从攴尚声。下音押,《集训》:庘、届,屋卑小也。届音斩甲反。”(1584页)《可洪音义》:“廠庘,上昌两、昌亮二反,舍也,下乌甲反,屋坏也,又《西川经音》作‘庚’,余主反,庚,仓屋也,又露积曰庚也。”[①](Z59/1133/c)《毗卢藏》随函《音义》:“廠庘,上昌两反,下音甲。”(3431/4)《思溪藏》《碛砂藏》随函《音义》同。按,慧琳“廠庘”作“敞庘”,释“敞”为宽敞、显露义,非也,当以“廠”为是。《玉篇·广部》:“廠,马屋也。”这里指牛棚。下文有“汝当引我为证,令人表知,牵我两牛,系于廠内,莫与水草,满七日已”“时秃尾秃角报大牛曰:‘岂期颠倒,唯独我等日出西方,幽闭廠中,不闻水草?’”“廠”皆指牛棚,“廠庘”为同义连文,“庘”与“窜”同表低下义(曾良,2020),故《集训》言“庘”为卑小之屋,这里亦即指牛棚。

---

① 按,《西川经音》“庚”乃“庾”之俗。另《可洪音义》“庾,仓屋也”当脱“无”字,《说文·广部》:“庾,水漕仓。从广臾声。一曰仓无屋者。”指无覆盖的谷仓。

2.4 堋垛

《毗奈耶》卷40:"尔时具寿邬陀夷日初分时入城乞食,遂至教射堂中。其师出外但有诸生,见教射处所置堋垛事无准的。"(T23/847/c)《慧琳音义》:"堋垛,上音朋,削墙土落声也;下徒果反,即射垛也。"(1592页)按,"堋垛"为"箭垛、箭靶",同义连文,《广韵·登韵》步崩切"射堋"。慧琳释"堋"为"削墙土落声也",非也。未见文献中"堋"有"削墙土落声"的用法,该义本属"冯"字,《诗经·大雅·緜》:"救之陾陾,度之薨薨。筑之登登,削屡冯冯。"毛传:"削墙锻屡之声冯冯然。""削墙锻屡"之意众说纷纭,马瑞辰《毛诗传笺通释》言"屡"乃"娄"之俗而读与"偻"同,此从"娄"之字多有高义,"削娄即削去墙之隆高者",此说可从,"冯冯"正为削墙土落之声也。而《集韵·蒸韵》披冰切"堋,削墙土陨声",与《慧琳音义》类似,不可从。"冯冯"也可指自然界如川流、打雷的声音,李白《远别离》:"雷冯冯兮欲吼怒,尧舜当之亦禅禹。""冯""朋"古字通,"冯冯"又作"堋堋""溯溯",表川流之声,《沈下贤集》卷二《文祝延》:"山之杭杭兮水堋堋,吞荒抱大兮沓叠层。"《文苑英华》卷358作"溯溯"。表水声势浩大又作"澎澎""滂滂",明曹学佺《石仓文稿》卷三《永福山水记》:"取之行数里,有巨石碁布滩头,疏水爲五六道,下注数丈,澎澎作万鼓声。"《列子·释文下》"若河滴滴"条言"或作滂滂,并音普朗切,流荡貌"。

3.疑难字词

3.1 槼

《大唐中兴三藏圣教序》:"纳诸品槼,终俟法门。"(Z38/244/c)《慧琳音义》作:"品槼,音谓,《广雅》:'槼,类也。'古文作'㝮',从市从㮝省,序文作'槼',俗字也。"(1571页)按,各本作"彙",慧琳所见本作"槼","彙"下部"果"作"東",盖"果""東"形近易讹,古籍多有,姚宏续注《战国策》所附《札记》"子果无之魏"条言:"今本果作東,鲍本作東。"《后汉书附续志集解》卷五十九《张衡列传》所附《校补》:"'钻東龟以观祯',……'東龟曰"東"属。'……《集解》先谦曰:'官本東属作果属。'"张文虎《史记集解索隐正义札记》卷五"果代李信"条注："旧刻果作東，《御览》二百七十四同。"高丽本《龙龛手镜·彐部》："彙、𢑓，二俗，彙，今音谓，类也，三。""𢑓"当为"彙"字下部"果"的进一步讹变。其演变轨迹为：彙（𢑓）→𣫦→𢑓。

3.2 赧容

《毗奈耶》卷1："时苏阵那亦在众中听佛说法，既闻法已，心怀愁恼深生追悔，赧容伏面默尔无言，即便归房怀忧而住。"（T23/629/a）各本同。"赧容"《可洪音义》："赦容，上女板反"（Z59/1129/b）；《慧琳音义》："赧容，僻简反，《方言》云：'赧，愧也。《考声》云：'羞惭面赤也。'从赤𢇍声，律文从皮作𬤵，俗字也，𢇍音展。"（1573页）"𬤵"本字为"赧"，《说文·赤部》："赧，面惭赤也。从赤，𢇍声。周失天下于赧王。"异体作"𬤵"，《玉篇·皮部》："𬤵，奴版切，惭而面赤，今作赧。"面赤为"𬤵"，盖变形声为会意。而《可洪音义》"赦"当为"𬤵"之讹，而《慧琳音义》"赧"从赤𢇍声，"𢇍"为"𢇍（𢇍）"之讹，《说文·尸部》："𢇍，柔皮也，从申尸之后。尸或从又。"大徐本音注"人善切"，"𢇍"为"𢇍"之或体。

《慧琳音义》"𢇍"（"𢇍"）音"展"，当为俗读。"𢇍"《玉篇》《广韵》《集韵》仅日母狝韵一读，《说文解字注》"报"字："𢇍见又部，音服，治也。小徐作𢇍，音展，误甚。"《说文系传·㚔部》："报，当罪也。从㚔、从𢇍。𢇍，服罪也。"徐错曰："《尚书》曰：'报以庶尤。'《史记》曰：'张汤爱书，论讯鞫报。' 𢇍音展，服也。会意，补号反。'"徐错释"𢇍"之义为"服也"，属"𢇍"之义，然"𢇍音展"，则显非"𢇍"之音，盖徐错或将"𢇍"与"𢇍（𢇍）"字形混一，"𢇍"成为同形字[①]，既有"𢇍"之义又有"𢇍（𢇍）"之音，故此段玉裁才会说"小徐作𢇍"。而"𢇍（𢇍）"为何音"展"，盖从"展"之字多有从"𢇍（𢇍）"之或体，如"辗"

[①] 《说文系传》"𢇍""𢇍（𢇍）"部件相混从刻本中亦可窥见，以《四部丛刊》景述古堂景宋钞本（简称《四部丛刊》本）及道光十九年祁隽藻校刻本（简称道光本）为例，从"𢇍"之字，1."服"，《四部丛刊》本作"𢇍声"，道光本作"𢇍"；2."报"《四部丛刊》本作"从𢇍"，道光本同。从"𢇍（𢇍）"之字，1."輾"，《四部丛刊》本作"𢇍声"，道光本作"𢇍"；2."赧"《四部丛刊》本作"𢇍声"，道光本作"𢇍"。可见《四部丛刊》本"𢇍""𢇍（𢇍）"完全同形，而道光本则将"𢇍（𢇍）"的上部写作"尸"，以与"𢇍"区别。相较而言，《说文解字》汲古阁刊本、宋刻元修本、孙氏平津馆丛书本"𢇍""𢇍（𢇍）"皆有别。

字本作"輾","碾"又作"碾","蹍"或作"跟","展""尽(反)"《广韵》皆属"狝韵",韵母相同,因此"尽"又俗读作"展"。

3.3 撝面

《毗奈耶》卷19:"邬波难陀曰:'长者!我曾闻汝贤善净信是大丈夫,宁知汝今更随妇语?'遂即近前,强抽一叠,得已细观,返手撝面,问言:'圣者!何意如此?'"(T23/728/c)上文讲述的是邬波难陀强夺居士衣服的故事。"撝面",《可洪音义》:"嗚面,上许为反,口不正也。"(Z59/1132/c)《慧琳音义》:"撝面,上毁为反。《考声》:谦也,揖也,撝手也。"(1581页)《毗卢藏》随函《音义》:"撝,许为反。"(3420/5)《思溪藏》《碛砂藏》随函《音义》同。

《说文·手部》:"撝,裂也。从手,爲声。一曰手指撝。"《广雅·释诂》:"嗚,丑也。"《玉篇·口部》:"嗚,口不正也,丑也。""返手撝面"当为两个动宾结构的组合,而"嗚"为形容词,疑非,要判断"嗚""撝"何者为是,还要弄清楚"返手撝面"一语的含义。佛经中另一处与"返手撝面"有关的文字也出自义净译经,《根本说一切有部毗奈耶杂事》卷2:"时彼外道善明历数,即便观察,计算阴阳,如佛所言,更无有异,便作是念:'我若随顺赞实事者,长者于彼倍生尊敬,我今宜可掩实说虚。'作是念已,即便反掌,翻鳴其面,长者见已,问言:'圣者!反掌鳴面何所为耶?'"(T24/210/c)"反掌"宋、元、明、宫本作"返掌";"鳴"字《高丽藏》《碛砂藏》《思溪藏》《径山藏》作"嗚"。"反掌"同"返掌",而"鳴""嗚"异文,盖"鳥""爲"形近所致①,此处"翻鳴其面"不可通,"翻嗚"亦颇难解。按,"嗚面"为"撝面"之讹,而"撝"同"挥""麾",有"挥动"义,《淮南子·览冥训》:"援戈而撝之,日为之退三舍。"高诱注:"撝,挥也。"《干禄字书》:"麾、撝,上旌麾,下谦撝字,其指撝亦作麾。"《历代三宝纪》卷9:"尝坐井口,澡瓶内空,弟子未来,无人汲水。三藏乃操柳枝,聊撝井口。密心诵咒才始数遍,泉遂涌上平至井唇。"(T49/86/b)"聊撝井口"即用柳枝在井口挥

① "爲"字《魏孝文帝吊比干文碑阴》作"爲",隋《关明墓志》作"爲",下部与"鳥"字极为相似。《文苑英华》卷一百二十四《弋不射宿赋》:"禽之生兮,择其翔集;弋鳥繁兮,修其决拾。""鳥"字下校注"疑作爲","爲"字是也,《全唐文》及《历代赋汇》皆作"弋爲"。

动;《续高僧传》卷19:"顶举杖聊撝,前所运石飒然惊裂,遂折为两段,厚薄等均,用施塔户,宛如旧契。"(T50/585/a)"举杖聊撝前所运石"即在巨石前挥杖。今谓本条"返手撝面"及"翻撝其面"是指反手挥打面部,类似今天的"掌掴"(可能只是虚晃一下,并未实际打到面部),如《金瓶梅词话》第十二回:"这桂姐反手向西门庆脸上一扫,说道:'没羞的哥儿,你就打他。'"

而外道及邬波难陀为什么要"返手撝面",结合上下文,可能和想要提示警醒对方有关,与之后禅宗的"棒喝""体势"等方便法门有异曲同工之用。禅宗在机锋应对时,常常"掌掴"提问之人,以让他们体悟自心,见性成佛(方立天,2002)。《景德传灯录》卷6:"祖曰:'低声近前来。'师便近前,祖打一掴云:'六耳不同谋,来日来。'"(T51/248/a)《五灯会元》卷7:"时有僧出礼拜,师便打。僧曰:'某甲话也未问,和尚因甚么打某甲。'"(X80/142/c)《五灯会元》卷13:"僧问讯次。师把住曰:'辄不得向人道,我有一则因缘举似你。'僧作听势,师与一掌。僧曰:'为甚么打某甲。'"(X80/274/b)《五灯会元》的2则与《毗奈耶》及《毗奈耶杂事》情景相似,"反手撝面"同"打一掴""与一掌"。

以手掌击打人面部时,一般会以反手击之,故又有"批颊"一词。"批"本字为"撊",本义即为"反手击打"。《广雅·释诂》:"撊,批,击也。"王念孙言:"撊,与下'批'字同。"《说文·手部》:"撊,反手击也。从手,毘声。"《章太炎说文解字授课笔记》"今琵琶,或云当作撊䥯。反手击之者,犹撊䥯(颊也)也"(朱希祖所记),又"反手巴掌也。批颊当作此"(钱玄同所记)(2010:504)。段注《说文》"䥯"字下亦云"撊者,反手击也。今之琵琶,古当作撊䥯",此章说之所本。又今之"琵琶",古作"批把""枇杷"。《释名·释乐器》:"本出于胡中,马上所鼓也。推手前曰枇,引手却曰杷,象其鼓时,因以爲名也。"《风俗通义·声音》"批把"条"以手批把,因以为名"。①《补续高僧传》卷11:"公问

---

① 乐器"琵琶"的命名由来即与其演奏方式有关,"推手前曰枇",当即"批(撊)"字,表示反手向前抚动琵琶的演奏指法有"推弦"等多种,"批(撊)"即与"推"同,清王君锡《琵琶谱·指法》:"批,推也,名指按弦急向右推过一二弦,然后右弹始得变音。""而引手却曰杷"则与可能"拉弦"有关。"杷"同"扒","用手使东西、聚拢"义。

乡里。对曰：永嘉。曰：还识永嘉大师否。未及答，批颊而出。"（X77/449/c）
《京本通俗小说》卷14："不几日，疾重，发澹语，将手批颊。""发澹语"即说胡
话，这里是说发疯自己打自己。[1]

3.4 枓抹

《毗奈耶》卷21："尔时世尊取故敷具，翻转抖擞安在架上，便于房外洗
手濯足房中端坐。"（T23/737/c）正仓院圣语藏本作"抹"，《可洪音义》作
"枓抹"（Z59/1133/a），《慧琳音义》未收，《毗卢藏》随函《音义》作"抖擞"
（3431/2），《思溪藏》《碛砂藏》随函《音义》同。《可洪音义》"枓抹"同"抖
擞"，表振动、拍打、抖动（李维琦，2004：83）。《续高僧传》卷27："周遍求物，
阒尔无从，仰面悲号。遂见屋甍一把乱床，用塞明孔，挽取抖抹，得谷十余，接
以成米。"（T50/682/a）[2]用力振动义，对象为用以补房屋洞口的穈子。又同
"抖薮"，《慧琳音义》卷59《四分律音义》第33卷："抖擞，又作薮，同苏走反。
郭璞注《方言》曰：抖擞，举也。《难字》曰：抖擞，蒙嵸也。江南言抖擞，北人
言蒙嵸，音都谷反，下苏谷反，律文作枓抹二形。"（1561页）又作"枓擞""抖
搜"等，如明李思恭《池州府志》卷10《游仙坛》："寻芳拉友上仙坛，枓擞衣
冠迥莫攀。"明佚名《居家必用事类全集》庚集："用皂矾法，先将皂矾用冷水
化开，别作一盆，将所染物帛扭干，抖搜开，下入皂矾水盆内。"六十种曲《鸣凤

---

① "澹语"之"澹"又作"嚕""谵""讝""詀""赚"，参看龚元华：《"赚"有"欺诳"义来历考》，《古
籍研究》2016年第2辑，第285—288页。《汉语大词典》收"澹话"一词，释为"犹废话"，按"澹
话"非为"废话"，当为"胡话"。此外表妄语义还可作"呫""诞"。

② "乱床"之"床"，宋本、宫本作"穈"，元本、明本作"穈"。按，"床"字误，当作"穈"或"穈"，同"穈
（穈）"。"床"乃"穈"之俗省，蒋礼鸿（《蒋礼鸿语言文字学论丛》，2019年版，第212、221页）已
有论述。而"床"字《龙龛手镜·广部》："床，俗音屎。"《类聚名义抄·广部》："床，音矢，正屎。"
文献中未见"床"用作"屎"的例子，"床"用同"穈"，当为"穈"之变体，明张雨《边政考》卷八"阿
的纳城"条"有回回种穈子，出绵花"；《天下郡国利病书》卷一百十七"又西为阿的纳城"下注"属
鲁迷城管，有回回种穈子，出棉花"。"穈子"即"穈子"。又《集韵·支韵》："床穰，地名，在今秦州。"
宋《元丰九域志》卷三："堡三，开宝九年置床穰寨……八年改床穰并为堡。"清《甘肃通志》卷十
一："床穰镇，在县西十五里牛头山下，宋开宝九年置，熙宁八年改为堡。""床穰"即"床穰"，可见
"穈（穈）""床""床"三字异体。

记》卷下："紫陌鸡鸣,未央钟动天旋斗,朝衣抖搜,步急环声骤。"《汉语大词典》"抖搜"收两个义项,一为"振作",一为"神气威风",可补表"振动"的义项。

3.5 商攉

《毗奈耶》卷21:"其乔答弥善持律藏,所有门徒亦皆持律,思量持犯商攉重轻,我若付毛亦不能得。"(T23/739/b)《可洪音义》:"商攉,音角,扬攉,大举也。正作攉也,又音拳,误。"(Z59/1133/a)按,"攉"同"拳",《五经文字·木部》:"權,从手者,古拳握字,今不行。俗作攉,讹。"可洪作"攉"非也,当为"攉",而"攉"又为"攉"之误,"蕾""崔"形近。"権""權"多相混,如清罗士琳《旧唐书校勘记》卷30"各有權许限"条:"按《册府》'權'作'権'。"同书卷11"權旧章"条:"丁氏子复云,'權'文粹作'権'。"王太岳《四库全书考证》卷81《文忠集》:"通进司上书,改法權货,而商旅不行。刊本'権'讹'權',今改。"《文苑英华》卷752《宋武帝论》:"或问前史云,克敌得隽,奇迹多于魏武,此権论乎。""権"字下注:"一作權"。可洪言"攉"(攉)正作"攉","霍"《说文》本作"靃",义为"鸟飞声","霍""崔"语音有别("霍"上古铎部,"崔"上古宵部)而字形相近,"霍"作"霍""霍"(《金石文字辨异》卷十二),因此两旁多互换。从"崔"之字异体多从"霍",如"鹤"与"鹳"[1]、"礭"与"礭"[2]、"膗"与"臛"、"雚"与"雤"。

4.特殊字用

4.1 嘅气

《毗奈耶》卷14:"当尔之时口出臭气,便于四远恶声流布,彼非实语是妄语人,于异母边证其虚事,实语之名即便隐没。"(T23/699/a)各本同。《可洪

---

[1] 明焦竑《俗书刊误》卷五"鹳"字条言:"《易》曰'鸣鹳在阴',鹳爱阴恶阳也,故从雨;鹳好霜,故从霜;鹭恶露,故去雨,皆制字顺物性之义,又谐声。"此说不可从,"鹳"乃"鹤"之后起异体字,"鹤"本字为"崔",林义光《文源》卷六言"崔"古作"⽕",从佳在宀下。

[2] 《广雅·释诂》:"礭,坚也。"王念孙《疏证》:"'礭'、'礭',并与'墝'同。"

音义》："嗅气，上**ㄓ**救反，不香也，吴人云也，方言也。又俗为'齅'字，呼非此用也；又或作'殠'，尺救反也。"（Z59/1133/c）《慧琳音义》及《毗卢藏》《思溪藏》《碛砂藏》随函《音义》皆未出注。"嗅气"对应经文中的"臭气"，"嗅"本是"嗅"的异体，《龙龛手镜·口部》："嗅、嗅、嗜，三俗，许救反，正作'齅'字。""**ㄓ**救反，不香也"，切上字为"叱"字，注音释义皆属"臭"字，而字头却为"嗅（嗅）"字。此外《可洪音义》多处经文为表"恶气"的"臭"而音义字头却作"嗅""嗅""齅"（皆"嗅"异体），今举例如下：

（1）《可洪音义》卷1《大般若波罗蜜多经》："齅秽，上昌右反，恶气也，正作'臭''殠'二形也，又或作'嗅'，七秀反，不香也；又许救反，非也，误。"（Z59/555/c）——对应经文作"臭秽"；

（2）《可洪音义》卷3《大方等大集日藏经》："嗅烂，上尺右反，恶气也。正作臭、殠、螼三形，又七秀反，吴人云不香也，然非此呼。"（Z59/631/a）——对应经文作"臭烂"；

（3）《可洪音义》卷9《牟梨曼陁罗咒经》："嗅气，上七救反，不香也。"（Z59/878/a）——对应经文作"臭气"。

以上皆为经文作表"恶气"的"臭"字而可洪所见本作"嗅"，第（1）例中可洪首音及释义皆按"臭"来解释，而又出异体"嗅"，并注"七秀""许救"二反；例（2）说"臭"又音"七秀反"，当是表示"嗅"字，而释义却为"不香也"，注解颇令人疑惑。下面再来看看，当经文为"嗅"时，可洪所注音义又如何表示：

（4）《可洪音义》卷3《大方等大集日藏经》："鼻嗅，许右反，鼻取气也。正作齅也，又七秀反，吴人云不香也，非用。"（Z59/631/a）——对应经文作"鼻嗅"；

（5）《可洪音义》卷19《阿毗达磨俱舍释论》："嗅香，上许救反，正作'齅'，俗作'嗅'也，'殠'，尺救反，不香也。"（Z60/129/c）——对应经文作"嗅香"；

（6）《可洪音义》卷23《经律异相》："嗅迹，上香右（反），正作'齅'也，又叱救反，不香也，非。"（Z60/207/b）——对应经文作"嗅迹"。

与前3例不同的是，这3例经文为"嗅"时，音义字头亦为"嗅"字或其异

体。根据可洪为"嗅""齅""嗀"所作的注解,除去首音晓母宥韵外,还有清母宥韵及昌母宥韵两个异读,今将之表示如下:

《可洪音义》"嗅(齅、嗀)"字音义匹配关系表:

反切	音韵地位	释义
"许右反""许救反""香右反"	晓母宥韵开口三等	"鼻取气也"
"尺救反""叱救反"	昌母宥韵开口三等	"不香也"
"七救反""七秀反"	清母宥韵开口三等	"不香也"

"嗅(齅)"《篆隶万象名义》、《经典释文》、《切韵》残卷、王韵、《广韵》及《慧琳音义》《希麟音义》等仅注晓母宥韵一读,释义为"鼻取气"[1],皆未见音昌母宥韵和清母宥韵者。结合以上信息,我们发现《可洪音义》中的"嗅"字存在复杂的音义关系,表现在以下两点:a.经文为"臭"而所出音义字头为"嗅"(或其异体);b."嗅""齅"音昌母宥韵,又音清母宥韵,对应释义为"不香也",这在除《可洪音义》以外的韵书、音义书中皆未见著录。

经过考察,我们发现《可洪音义》的这类特殊的音义现象,其实与佛经中的特殊字用有关。盖在佛经中,表"嗅闻"的"嗅"有时会用来表示义为"恶气""腐烂"的"臭"字,例如:

(7)《四分比丘戒本疏》卷2:"如是随处热时早晚数取二月半,于中洗浴无犯,二病时者下至身嗅秽。"(T40/485/c)各本同;

(8)《续高僧传》卷28:"慧远接足顶礼泪下交连,谢曰:慧远嗅秽死尸,敢行天日之下,乞暂留赐见教诲。"(T50/687/a)各本同;

(9)《受十善戒经》:"第六,盗报生在人中,裸形黑瘦,眼目角睐,口气臭秽,常处牢狱,执除粪秽,为王家使。"(T24/1026/a)"臭",宫本作"嗅"。

(10)《尼羯磨》卷3:"或有身口意业不净,恶声流布,如彼死尸臭气从出。"(T40/561/a)"臭",宋、元、宫本作"嗅"。

(11)《大藏一览》卷6:"三者嗅口(口气嗅恶,嗅不可闻);四者大瘿(颈生

---

[1]《集韵》多收晓母送韵"香仲切"一读,此当系方音,安徽宿松方言及南昌方言白读"嗅"即读作"ɕiuŋ"。

瘿瘤，啖彼脓血）；五者针毛（出毛如针，转刺身体）；六者嗅毛（身毛嗅秽，而不堪闻）。"（J21/527/b）

以上皆为"嗅"用来表示"恶气""腐烂"义的"臭"的例证。此外希麟亦记录"嗅（嗅）"表"臭"者，《续一切经音义》卷7《甘露军茶利菩萨供养念诵仪一卷》："臭秽，上尺救反，《切韵》凡气总名也，《考声》云腥臭也，《说文》从犬自，自即鼻也，会意字。古文作'殠'，俗作'鼻'。经文从口作'嗅'，无此字。"（2295页）"经文从口作'嗅'"之"嗅"即"嗅"字，说明希麟所见本"臭"作"嗅（嗅）"。由此我们可知佛经中"嗅"的字用与后世不同。

前文所举例（1）至例（3），可洪字头作"齅""嗅""嗅"，反映的正是佛经字用的真实情况。有了这一判断，我们就可以解释可洪为何频繁为"嗅"注属于"臭"字的字音"尺救反""叱救反"，并释义为"不香也"，因为这都是"臭"之音义。而"嗅"的另一读音"七秀反""七救反"，其他音义书及韵书中皆未见，可洪指出属于"吴人"之读。储泰松（2004）在分析佛经音义中的方音现象时，也注意到"嗅"同时注昌母宥韵和清母宥韵两读的情况，他发现这与音义所载的方音声母精组与章组常常相混有关，认为"'叱救''七秀'二音实同，作者不分昌、清二纽，而江南实读清纽"，此外储泰松（2008）还通过梵汉对音发现佛经音义中吴音的声母章组接近精纽。这说明"叱救""七秀"在当时吴人的读音中是接近的，并且当时吴人应当也是与佛经字用一样，将"嗅"用作"臭"，因此才会读作"七秀反"（同"叱救反"）①，且解释为"不香也"。吴音中"嗅"字的用法与佛典相同，故此可洪会引用吴音来说明"嗅"字的字用。

"嗅"表"臭"在后世文献中亦有表现，如梅尧臣《宛陵先生文集》卷四十一《咏怀》："以鼻识酸醎，以舌闻嗅香。"②"嗅香"即"臭香"，与"酸醎"相

① 今江西南昌及湖南双峰"嗅"字的文读分别读作"ᶜtɕʰiu"和"tɕʰiuᵓ"，当即"七秀反"。参看北京大学中国语言文学系语言学教研室编，王福堂修订：《汉语方音字汇》（第二版重排版），语文出版社2003年版，第220页。
② 《四部丛刊续编》本，宋绍兴汪伯彦刻本同。

对;《古本小说集成》明刊本《封神演义》第七十二回:"正是刀砍尸骸满地,火烧人嗅难闻。"同书第七十九回:"大骂匹夫,不顾父母妻子,失身反叛,苟冒爵位,遗嗅万年。""嗅难闻"即"臭难闻","遗嗅万年"即"遗臭万年"。

与可洪音义相较,玄应、慧琳及希麟所著音义皆未揭示"嗅"字用作"恶气""腐烂"义的"臭"字这一特殊字用现象,这与可洪如实记载佛经原本用字的原则有关。在正字法观念中,"嗅"作为"臭"的分化字,一般都是"臭"可以表示"嗅",而"嗅"不可以表示"臭",《五经文字·鼻部》:"齅、嗅。上《说文》,下经典相承隶省,《论语》借'臭'字爲之。"但可洪音义为我们录存了佛经中的实际字用情况,这是弥足珍贵的。分化字表示母字,也并不少见,如"贷"作为"貣"的后起分化字,最初"贷"表"借出","貣"表借入,后来二者都可由"贷"表示。只不过与"贷""貣"不同,"嗅"并未最终取代"臭"的用法。

参考文献

徐时仪校注:《一切经音义三种校本合刊》(修订第二版),上海古籍出版社 2023 年版。

毛远明:《汉魏六朝碑刻异体字典》,中华书局 2014 年版。

曾良:《敦煌佛经字词与校勘研究》,厦门大学出版社 2010 年版。

曾良:《古籍文献字词札记四则》,《安庆师范大学学报(社会科学版)》2020 年第 5 期。

方立天:《禅宗的"不立文字"语言观》,《中国人民大学学报》2002 年第 1 期。

朱希祖、钱玄同、周树人记录,王宁主持整理:《章太炎说文解字授课笔记》,中华书局 2010 年版。

李维琦:《佛经词语汇释》,湖南师范大学出版社 2004 年版。

储泰松:《唐代音义所见方音考》,《语言研究》2004 年第 2 期。

储泰松:《中古佛典翻译中的"吴音"》,《古汉语研究》2008 年第 2 期。

北京大学中国语言文学系语言学教研室编,王福堂著:《汉语方音字汇》(第二版重排版),语文出版社 2023 年版。

作者工作单位:安徽大学文学院

词汇化与构词法、语法化、习语化、构式化之关系 *

李思旭

摘　要　词汇化和构词法是新词产生的两种主要途径,但二者造成新词的方式有着本质的区别。词汇化和语法化的区分,应该看演变过程而不是演变结果。词汇化涉及语义、语用的习语化,习语可以通过减缩进一步词汇化。构式化主要分为语法构式化和词汇构式化,语法构式化、词汇微观构式和图式构式在能产性、图式化程度、语义合成性三个方面存在差异。

关键词　词汇化;构词法;语法化;习语化;构式化

词汇化是个非常复杂的过程,牵涉的因素很多。Brinton & Traugott(2005:142)就认为,词汇化有时被等同于其他过程,该过程是一个形式类性质(如"固化"fossilization)、一个语义的性质(如"习语化"idiomatization)、一个语用的性质(如"惯例化"routinization)、一个社会语言学的性质(如"约定俗成规约化"institutionalization)。本文结合已有研究,主要从词汇化与构词法、词汇化与语法化、词汇化与习语化、词汇化与构式化四个方面,对词汇化与其相关概念之间的辩证关系,作一些尝试性的宏观探讨。

一、词汇化与构词法

(一)词汇化与构词法的差异

已有研究中提到的"构词法"所描写的东西,很多并不属于词法研究的对象,因为有些汉语复音词是历时词汇化的结果,并不是在共时状态下由词法模

---

* 基金项目:国家社科基金重点项目"基于量级理论的汉语构式研究及数据库建设"(24AYY004)。

式生成的,不适合在词法中描写,如"知道、容易、所以、既然"等。大部分现代汉语教材在讲构词法时主要举双音复合词,其中有不少其实并不是由词法模式生成的,而是词汇化的结果,其内部结构和语义在共时状态下并不具备可分析性,不应该由词法来处理(董秀芳,2004:30)。由此可见,区分构词法和词汇化就非常有必要。

在词汇化特征较为宽泛的背景下,构词法和词汇化二者之间几乎没有或根本没有被区分(Brinton & Traugott,2005:51)。从传统意义上来说,典型的词汇化就是一个构词法的过程,比如复合词、派生词、词类的转换,这是一种最宽泛的定义。从历时的角度来看,这可能也是最难以令人满意的一种定义,因为它很少或没有告诉我们各种类型的构词法的结果在跨时间上经历了何种类型的演变。所以Brinton & Traugott(2005:62—65)就强调指出,应该将词汇化和构词法区分开。构词法常被看作是一个形态学的分支,它既依赖于词库也依赖于形态,指的是一个基本成分按照某一组合型的原则,组合成具有新语义和新结构的过程。构词法常常强调的是构形特征,而词汇化则更倾向于历时地描述词汇是如何从独立的结构输出成一个词汇的。换句话说,构词法主要关注一个语言系统中的新词,是如何在原有的基础上造成的,以及有哪些不同的类别,是一种静态的描写;词汇化主要关注的是输入端的语言单位(包括短语、句法结构、跨层结构),如何演变为输出端的新词汇形式这样一种历时演变过程,是一种动态的考察。

吴福祥(2005)认为,构词法和词汇化是语言中新词产生的两种主要途径:前者是利用特定的语法规则创造新词,即依据某种构词规则将语言系统中业已存在的两个(或两个以上)语素组合成新的词汇项;后者指一个非词汇的语言成分(主要指句法结构或词汇序列)演变成一个独立的词汇项的过程。

构词过程可以类推并具有高度的能产性,但是用这种方法创造的新词,本身不含有任何演变的过程,而且也没有一个特定的结构式作为该新词项的词源。与构词过程不同,词汇化过程不具有类推性和能产性,但却包含了一个历时演变的过程,并且总是以特定的句法结构式或词汇序列作为新词项的语源。

比如双音节副词"还是"是由句法结构式"还+是NP"中的非直接成分副词"还"和系词"是"融合而来的。

董秀芳(2004:202)强调指出,词汇化过程可以造成新的词,构词法也可以造成新的词,二者都可以产生新的词,但是二者造成新词的方式有本质的区别:

(1)词汇化在语言自然演变的过程中发生,在语言运用中自然而然地实现,其出现是在语言使用者的意识之外;用词法模式来创造新词是人们有意识地对规则加以运用,是一个自觉的过程。

(2)词汇化的发生是一种历时的变化,往往需要一段时间,甚至很长的时间;而词法创造新词则可以在瞬间完成,如有需要还可以用现成的词法规则创造一个新词。

(3)词汇化的发生是以单个形式为单位,以离散的方式进行,具有比较多的特异性(不同形式的词汇化可能会有共同的规律,某些结构类型的成批的词汇化也可以表现出一种系统性);而一条词法规则却可以作用于大量的适用对象,以一种批量的方式创造新词,具有较多的规则性。

(4)词汇化的过程是发生在语言中原本不是词(比如短语或句法结构)的单位上,也就是说词汇化的起点不是词汇成分而终点是词汇成分;词法过程的作用对象是语言中原有的词或词汇性成分(比如语素),词法过程的起点和终点都是词汇成分。

虽然词汇化过程在很大程度上表现出特异性,似乎"每一个词都有自己的历史"。但是也有相当一部分词汇化过程有着内在的相似性,比如"×说""×是""×着""×了"等一批结构的词汇化,无论从形式上还是从语义的变化上,都表现出高度的一致性,这样的历时词汇化过程有可能会转变为一种共时的词法模式。换句话说,经常发生词汇化的一些句法组合模式,很可能在将来的发展中转变为词法模式。

(二)词法模式与词汇化模式

所谓"词法模式"是指词法词(即在线生成的词)的一种构词格式,这种格式是有能产性的,而且其构成成分的语义类别和所构成的复合词的意义之间比较固定。就像一个造词模子一样,能在线生产出一批由同类语义构成、语义属于同一语义类别的复合词来。董秀芳(2004:101)指出,词法模式具有以下特征:(1)其中一个成分具有固定性,另一个成分具有语法类别和语义类别的确定性;或者虽然其中没有一个固定成分,但两个成分都具有语法和语义类别的确定性;(2)构成成分之间的语义关系固定;(3)整体的意义基本可以预测。

当发生词汇化的一系列形式中的某个共同成分,可以直接出现在大量双音节词之后,就可以证明这个共同成分已经变为词法模式中的标志性成分,使用时是根据词法模式直接加上去的,这样历时的过程就变成共时的规则。比如随着语言的发展,在成词的"×说"越来越多之后,"×说"就有可能成为一个词法模式,就会有一些"×说"作为词被直接创造出来,"×说"从而完成从词汇化模式向词法模式的转变。再比如在很多"×是"词汇化为词之后,在类推的作用下,以后"是"会不会直接粘附到一些双音节副词或连词的后面,从而构成"×是"的词呢?如果可以,则说明"×是"已经成了一种词法模式,语言使用者可以自觉地用它来构造副词或连词。也就是说,当大量的"×是"通过独立而又类似的词汇化过程形成为词之后,"是"很有可能成为副词或连词的标志,从而类推创造出结构相同的词(董秀芳,2004)。

词法模式和词汇化是词库成员的两个重要来源,经常发生词汇化的一些句法组合模式也可能在将来的发展中转变为词法模式。也就是说,词汇化模式也可以具有一定的能产性,可以变为词法模式。比如动补结构的产生是两个独立动词合并为一个使役复合词的词汇化过程造成的结果,当通过这种词汇化过程产生的动补式复合词越来越多时,历时的词汇化过程就转变为一种共时的词法模式,在这之后再产生的动补式复合词就不一定非要经历一个词汇化的过程,也可以直接是构词法的产物了(董秀芳,2007)。

总之,历史上反复出现的词汇化模式可能变为后代的构词法,当构词法确定之后,复合词就有可能直接通过构词法直接产生,而不再需要经历词汇化的过程。

二、词汇化与语法化

词汇化的概念,可以分为共时和历时两个维度来解读。共时的词汇化是指在语言系统中将概念转换为词的过程,不同的语言类型可能有不同的将概念转化为词的方式。共时词汇化以 Talmy(2000)的跨语言研究为代表。历时的词汇化有两种含义:一是指词缀变为词,这种意义上的"词汇化"是与"实词虚化"或"语法化"相对而言;二是指词的组连(指两个或多个词连接在一起的序列)变为词(沈家煊,2004)。词缀(即前者)变为词的现象十分罕见,而词的组连(即后者)变为词的现象则很普遍。沈先生在这里讲的词的组连变为词的现象,并没有区分变为什么样的词,因而实词和虚词都包括在内。

吴福祥(2005)指出,按照现时多数语言学家的意见,词汇化指的是一个非词汇的语言成分(如音系成分、语义项、句法成分、形态成分以及语用成分)演变为词汇成分的过程,而狭义的词汇化只指语法成分(形态标记、虚词以及结构式)演变为实义词的过程。他文中对词汇化的理解是,包含语法词(或附着词)的句法结构式或非直接成分的词汇序列,演变为一个独立的实义词的过程。

董秀芳(2011)注意到非词形式变为实词和虚词,是两种不同的演变类型:一个变为词汇性成分,一个变为语法性成分。词汇化的结果大部分是实词,但在一些地方也涉及语法化问题,因为短语、句法结构或跨层结构,也可能变为虚词。由于虚词是一种语法性成分,所以这一变化过程同时也可以看作是语法化。还有一个区别就是:语法化一般发生在特定的语境中,如从动词演变为介词的语法化是发生在多动词的句法结构中的;但是我们很难找到具有规律性的诱发词汇化的特定句法环境,因而词汇化的变化轨迹比语法化更难追寻。为了讨论方便,她把由非词形式变为虚词的这一语法化现象,也归为广义的词汇化。

李宗江(2012)赞同吴福祥(2005)和董秀芳(2011)的观点,认为应该对词汇化和语法化进行区分,即词汇化的输入端是词组、短语或跨层结构,输出端是一个词汇性质的单位,但不一定是严格意义上的单词。因为如果说演变的输出端是词,这很容易把"词汇化"理解为单词化,可是目前讨论的很多词汇化的结果并不是一个单词,而是一个习语化的单位。那么,董秀芳认为包含"说"的一些成分是一个词汇性质的单位也还可以,但说是词,就不大合适了。词汇只能是指实义的词汇成分构成的系统,不包括虚词。因而词组、短语或跨层结构向虚词的演变,应该是语法化问题,不是词汇化问题。

蒋绍愚(2015:88)指出,Brinton & Traugott(2005)的词汇化定义跟国内汉语学界的定义不一样。她们认为,判定一个词语的历史演变过程到底是词汇化还是语法化,主要是看演变的结果:只有最后形成的单位是词汇性的实义词项,才是词汇化;如果最后形成的单位是语法性的或功能性的,则是语法化。国内汉语学界通常把从大于词的形式演变为词的过程都称为"词汇化",而不管最后形成的词是词汇性的还是语法性的。比如董秀芳(2011)界定的词汇化定义就比较宽泛,把由短语、句法结构或跨层结构等非词形式演变为虚词的这一语法化过程,也看成是词汇化的一种形式。蒋绍愚认为以上汉语学界的这种做法是有道理的,因为这有利于从总体上考察汉语词汇(包括实词和虚词)的演变方式和演变历程,否则在研究时会把一部分虚词排除在外。

此外,汉语虚词的成词有几种情况,有时候很难用"语法化"来解释,必须从词汇化和语法化两个角度来研究(蒋绍愚,2015:88—91):

(1)两个单音虚词凝固成一个新的复音虚词,或者一个单音虚词加上词缀成为一个新的复音虚词。跟原先两个单音虚词相比,这个新的复音虚词语法化的程度并没有进一步加深。这样的演变过程只能从词汇化的角度进行研究,比如"因为、何况、况且"。

(2)有些语法性的词是由跨层结构凝固而成的,凝固以后其语法功能并没有进一步变化,因而不存在语法化的问题。对这些词主要研究它们是如何由跨层结构凝固而成词的,也只是词汇化问题,比如"否则、无非"。

(3)有的复合词形成以后,其意义和功能有进一步的发展变化,可以同时从词汇化和语法化两个角度来研究，比如"的确、除非"。

由此可见，在汉语中区分词汇化和语法化，不能仅仅根据演变的结果，因为变为语法性成分的也可能是词汇化，起决定作用的是变化过程的特点。有些汉语虚词的产生是通过词汇化的方式，比如董秀芳（2011）就曾举"于是、极其、所有"等词语的词化，通过分析其过程来证明词汇化的判定不能仅根据其演变结果。有些词汇化的发生具有一定的系统性和规则性，在这一点上与语法化相似，如"不V""×说""×是"的词汇化（董秀芳，2003；董秀芳，2004）。这些高频使用的虚词与其相邻成分发生词汇化之后变为一系列的词内成分，已出现位置固定、有词缀化倾向，这与语法化又非常接近。

总之，词汇化和语法化的区分，不能仅看演变结果。语法化可以产生虚词，词汇化也可以产生虚词。由于汉语复合词的构造模式与短语的构造模式基本一致，这就造成了汉语词汇和语法的界限不是很容易分清，对于一个形式应归入词汇还是语法，很容易产生分歧。因此仅从演变结果来区分词汇化和语法化的观点是有问题的，更好的方式是从演变过程的特点来区分二者。比如Himmelmann（2004）就指出，判断一个变化是语法化还是词汇化，要看这个变化过程的特点是更接近于原型的语法化过程，还是更接近于原型的词汇化过程。

我们研究的固化三音词，既包括名词、动词、形容词、数词、叹词等实词，也包括副词、连词、助词、语气词等虚词。考虑到汉语的实际，我们对词汇化的定义没有采纳Brinton & Traugott（2005）的观点，而是采用了汉语学界的一般做法，即把非词形式演变为词的都看成词汇化，不管演变的结果是词汇性质的实词，还是语法性质的虚词。有的三音词在词汇化完成以后，又发生了语法化，即从一个词类向另一个更虚的词类演变。比如"说不定、怪不得、不由得"等词汇化为动词后，又进一步语法化为副词；"差不多、大不了"词汇化为形容词后，又进一步语法化为副词；"甚至于"词汇化为副词后，又进一步语法化为连词。此外，还有一些三音节固化习用语，如"没的说、没说的、有的是、说的是、为的是"等，虽然它们的词汇化程度很低，还处在词汇化的初级阶段——习语化阶段,但是它们已经发生了语法化。由此可见,固化三音词的产生过程,既涉及词汇化,也涉及语法化。

三、词汇化与习语化

词汇化还常常涉及语义、语用的习语化(idiomization),也就是语义成分丧失了其组构性。尽管学界对于习语的意义还缺乏一致的共识,但普遍认同词汇化和习语化之间有着密切的联系。习语化指由短语等非词汇单位变为习语(idiom)的过程,习语虽然不是词,但却是具有词汇性的单位,很多词汇化过程的第一步或初级阶段就是习语化,即先由自由短语变成固定短语,然后再进一步向词发展。习语一般有三个特征(Brinton & Traugott,2005:55):(1)语义含混或非组构性:不可推导出习语的意义。(2)语法失效:习语不允许自由组合的句法变异性特征。(3)缺乏可替代性:不能够被同义词所替换,词项不可颠倒或删除。

习语的内部成分有些可以分离,有些不能分离,不能分离是更高程度词汇化的表现。习语可以通过减缩进一步词汇化,从而在语音形式上更接近于语言中典型的词。已达成的共识是,许多习语在语义上不是完全含混的,在形态和句法上也不是完全不变的。相反,跟固化存在程度差异一样,习语也是一个存在等级的概念,从较多习语性到较少习语性(Brinton & Traugott,2005:55)。用我们的话来说,就是习语也有整合程度高低的差别,比如李思旭(2017)探讨的 5 个"×不是"中,"可不是"的习语化程度最高,其次是"别不是、莫不是",而"该不是、要不是"的习语化程度最低。

根据一个习语的组成成分是固定的词项还是开放性的,Fillmore et al(1988)将习语分为实体习语和形式习语。实体习语(substantive idioms)是指由实实在在的、固定不变的词汇成分构成的习语,这样的习语所用的词汇基本固定,一般不能随意更换。简而言之,即完全由固定成分填充的习语。如 let alone、by and large。汉语三音节实体习语有"什么的、好家伙、无怪乎"等。形式习语(formal idioms)是指一部分词汇成分不固定的、用于表达一定的语义和语用功能的格式。习语提供了一个句法框架,其中可插入不同的词项,或至少有部分词语可被换用。简而言之,即半填充的具有一定抽象度的图式性习语,如 what X doing Y。形式习语相当于 Langacker 使用的 schemantic idioms(图式性习语)。汉语中的三音节形式习语有"×不是、×不成、×不然、×不得、×说是"等。只有形式习语才被吸收进语法构式的范畴,完全填充的实体习语应该归为词汇,它们像词汇一样被学习和使用。

习语化与固化、词汇化之间存在着密切关联(Brinton & Traugott,2005:56)。首先,一些习语可以看成是"部分固化(partially fossilized)"或者语义专门化,它们的解释依赖于文本环境或者外部语言环境。其次,尽管对于"习语"的含义缺乏一定的共识,但是普遍认为习语与词汇化之间存在密切的联系:从涉及属于库藏(inventory)的意义上来说,习语化就是词汇化;习语化是词汇化的历时部分,习语是词汇化的最好范例(the best example)。

四、词汇化与构式化

(一)构式化与构式演化

构式化(constructionalization)是指一个全新的"形式-意义"结合体的产生过程。构式化将构式看成一个语言网络,把语法化和词汇化都纳入构式化,构建一个整体框架,不仅包含以往研究中的词汇语法化(实词虚化)和结构式语法化,而且还包括以往研究中的词汇化。构式化的目标是"重新审视并整合先前的语法化和词汇化研究,从构式角度来解释与这些研究有关的问题"(Traugott & Trousdale,2013:1)。构式化理论继承语法化、词汇化理论的精髓,同时又优于两者。或者可以说,语法化、词汇化的局限性以及构式语法的潜力,是构式化理论诞生的最重要推手。构式化对构式形式和意义的产生、演化同等关注,把词汇化、语法化和构式化看成一个连续体。

构式语法把构式看作语言研究的基本单位,包括语素、词、短语、习语、小句、复杂句子等各种形式。所以,语言演化(如语法化、词汇化、语用化、习语化等)研究都可以置于构式语法理论框架下进行统一处理。也就是说,无论是语法化、词汇化,还是语用化、习语化,只有涉及"形式"和"意义"的共同演化,即创造"新形式–新意义"组配的过程,才是构式化(constructionalization);只涉及"形式"或"意义"某一个方面的演化,即单纯的形式变化或意义变化,是构式演化(constructional change),不是构式化。换言之,构式的形式或意义的单独演化,只能看作构式演化,而不是真正意义上的构式化。构式化的结果是语言知识网络中增加新的节点,构式演化并不产生新的构式,也不会为语言知识网络增加新的节点。

构式演化可先于构式化而发生,称为构式化前构式演化,简称为"构式化前演化",并促成构式化。构式演化也可后于构式化而发生,称为构式化后构式演化,简称为"构式化后演化",这类构式化演化通常会引起搭配的扩展,也可能伴随形式及语音上的紧缩(Traugott & Trousdale,2013:27—29)。构式化前演化→构式化→构式化后演化,从而构成了围绕构式化的连续统。构式化前演化包括语用的拓展、语用的语义化、形式和意义的错配以及一些小的分布变化;构式化后演化包括搭配的拓展,也包含形态和音系的缩减(reduction)。以"大不了"的产生为例:五代时期出现了形容词"大"修饰"不了",从而组成状中短语"大不了",这是构式化前演化;清代"大不了"开始固化成词,这是构式化;后来形容词"大不了"又进一步语法化为副词,这是构式化后演化。

(二)语法构式化与词汇构式化

构式化主要分为语法构式化(grammatical constructionalization)和词汇构式化(lexical constructionalization),前者产生的是语法构式,后者产生的是词汇构式。语法构式化的输出端是程序性的(或功能性的),词汇构式化的输出端是词汇性的(或实体性的)。但是语法构式化不完全等同于语法化,词汇构式化也不完全等同于词汇化(Traugott & Trousdale,2013:232)。语法构式化和语法化之间虽有一定的源流关系,但是前者打破了后者单一专注于形式或意义的传统,认为形式与意义并重。语法构式化理论与以往语法化理论的根本差别在于,前者同时着眼于实体化构式和图式化构式的发展两个方面,而后者仅仅关注实体化构式的发展。词汇构式化主要关注新形式和新意义的配对,配对中意义主要是实义的,形式主要是重要的词类,如名词、动词或形容词。

语法构式化的主要特征是能产性和图式化程度的增强、语义合成性的降低。能产性的增强指构式类型及其用例的扩展,具体表现为微观构式的类频率和例频率的增加、搭配成分的扩展。图式化程度的增强涉及两个方面:一是微观构式在使用中变得愈加图式化、愈加抽象,成为抽象图式中更为典型的成员;二是图式逐渐拥有更多的内部成员(即更多的次级图式或微观构式)。语义合成性的降低是指构式的意义和形式之间关联的透明度不断减小,构式的语义和功能不再是其构成成分的简单相加。

词汇构式化也同样涉及能产性、图式化程度、语义合成性三个方面的变化。词汇微观构式的形成(即凝固成词的现象)涉及的是能产性、图式化程度和语义合成性三者的同时降低。但是在词汇图式的层面,情况就有所不同了。词汇图式的构式化(即构词图式的形成),主要体现为能产性和图式化程度的增强,语义合成性的降低。比如英语中复合词微观构式 martyr|dom、free|dom 等的不断使用,就促成了图式层面的词汇构式化,得到了能产的构词图式"x|dom",从而支配着一定数量的微观构式。

我们主要研究三音词的词汇构式化,既包括副词、连词、动词、代词、叹词、助词等具体词语的构式化,也包括三音节构词图式"×不是""×不成""×不然""×不得""×说是""××乎"等的构式化(李思旭,2017、2021、2024等),描写其构式化的历程,探讨其构式化的动因与机制。

(三)构式化研究的意义

构式化理论把语法化、词汇化和历时构式语法纳入构式化,分为语法构式化和词汇构式化,构建了一个寓语法化和词汇化于大语言环境下的框架体系,相对于以往语法化和词汇化都属于不同类别的情况而言,构式化理论体系更加完善。在语法化、词汇化理论基础上发展起来的构式化理论,其应用前景十分广阔。从语言类型学方面来看,构式化研究尚处于萌芽和探索阶段,目前仍以英语的历时研究为主,很少涉及其他语种的构式化,仍需要通过对其他语言的研究来检验与完善。比如构式化理论对汉语的适用度有多大,还有待大量汉语事实的检验。Traugott & Trousdale(2013:237)就建议通过研究不同语言来检验构式化理论的解释力,尤其提到汉语和日语,提议观察这两种语言在演变过程中的构式类型差异。我们的三音词的词汇构式化研究,一方面可以检验构式化理论的跨语言解释力,另一方面也可以深化或完善这一历史语言学前沿理论。

五、结语

词汇化和构词法是语言中新词产生的两种主要途径,但二者造成新词的方式有本质的区别。词汇化和词法模式是词库成员的两个重要来源,经常发生词汇化的一些句法组合模式也可能在将来的发展中转变为词法模式。

词汇化和语法化的区分,不能仅看演变结果:语法化可以产生虚词,词汇化也可以产生虚词。因此仅从演变结果来区分词汇化和语法化的观点是有问题的,更好的方式是从演变过程的特点来区分二者。词汇化还常常涉及语义、语用的习语化,也就是语义成分丧失了其组构性。习语可以通过减缩进一步词汇化,从而在语音形式上更接近于语言中典型的词。

构式化将构式看成一个语言网络,把语法化和词汇化都纳入构式化,构建一个整体框架,不仅包含以往研究中的词汇语法化和结构式语法化,而且还包括以往研究中的词汇化。构式化主要分为语法构式化和词汇构式化,前者产生的是语法构式,后者产生的是词汇构式。语法构式化的主要特征是能产性和图式化程度的增强、语义合成性的降低。词汇微观构式的形成涉及的是能产性、图式化程度和语义合成性三者的同时降低;词汇图式的构式化,主要体现为能产性和图式化程度的增强,语义合成性的降低。

参考文献

董秀芳:《"不"与所修饰的中心词的粘合现象》,《当代语言学》2003年第1期。

董秀芳:《"×说"的词汇化》,《语言科学》2003年第2期。

董秀芳:《"是"的进一步语法化:由虚词到词内成分》,《当代语言学》2004年第1期。

董秀芳:《汉语的词库与词法》,北京大学出版社2004年版。

董秀芳：《从词汇化的角度看粘合式动补结构的性质》，《语言科学》2007 年第 1 期。

董秀芳：《词汇化：汉语双音词的衍生和发展》（修订本），商务印书馆 2011 年版。

蒋绍愚：《汉语历史词汇学概要》，商务印书馆 2015 年版。

李思旭：《三音节固化词语"×不是"的表义倾向及词汇化》，《世界汉语教学》2017 年第 1 期。

李思旭：《"×不成"的历时演变及相关问题》，《语法化与语法研究（八）》，商务印书馆 2017 年版。

李思旭：《构词图式"×不得"的历时演化与共时变异》，《成都大学学报》2021 年第 2 期。

李思旭：《"×不然"的词汇构式化及其形成机制》，《安庆师范大学学报》2024 年第 4 期。

李思旭：《次生叹词"好家伙"的句法语义及历时来源》，《语法研究和探索（二十二）》，商务印书馆 2024 年版。

李宗江：《关于词汇化的概念及相关问题——从词义并列双音词的成词性质说起》，《汉语史学报》2012 年第 13 辑。

沈家煊：《说"不过"》，《清华大学学报》2004 年第 5 期。

吴福祥：《汉语语法化演变的几个类型学特征》，《中国语文》2005 年第 6 期。

Brinton, L.J.&Traugott, E.C.:*Lexicalization and Language Change*,Cambridge University Press, 2005.

Fillmore, C.J.,Kay,P. & O' Connor,M. C. :*Regularity and Idiomaticity in Grammatical Constructions: The Case of Let Alone, Language 64 (3)*,1988.

Himmelmann,N.P.:*Lexicalization and Grammaticalization: Opposite or Orthogonal, in What Makes Grammaticalization-A Look from its Fringes and its Components*, Mouton de Gruyter, 2004.

Talmy, L.:*Towards a Congnitive Semantics.Vol.1*.The MIT Press, 2000.

Traugott, E.C.&Trousdale,G.:*Constructionalization and Constructional Changes*, Oxford University Press, 2013.

作者工作单位：安徽大学文学院

构式"S,不V也得V"强迫性唯一结果义及其形成*

朱　皋

摘　要　本文以复句构式"S,不V也得V"为研究对象,将该构式的构式义概括为:客观环境使对方或自己非VP不可,该构式义的形成由于构成成分"S"和"不V也得V"共同作用,"S"的作用在于限制"V","不V也得V"的作用在于表征限制,结构对动词的压制使得动词的自主义消失,强迫功能得以凸显。

关键词　"S,不V也得V";构式–语块;唯一结果;形成;强迫

引言

关于"不V也得V"的研究,学界已有涉及,如黄佩文(2004)、罗耀华(2011)、朱皋(2017)等。从已有的研究成果看,大多关注于"不V也得V"的句法、语义、语用的描写上,较少从因果关系的角度考察"原因"对"不V也得V"意义的形成作用。本文认为"不V也得V"表示唯一结果义是由原因"S"和说话人的交互主观性等多方面的因素共同作用而形成的,研究"不V也得V"必须从整个结构"S,不V也得V"入手,很难不讨论原因"S",而去研究结果"不V也得V"。因此,本文将研究对象定为"S,不V也得V"构式,从原因和结果的相互作用来揭示该构式义的形成和机制。

---

*　基金项目:江苏高校哲学社会科学基金一般项目"现代汉语因果构式与量范畴的互动整合研究"(2022SJYB2061);安徽省高校人文社会科学研究重大项目"基于用法的当代汉语构式生成机制研究"(SK2021ZD0078);江苏高校哲学社会科学研究重大项目"现代汉语条件构式的共时特征与历时演化研究"(2024SJZD090)。

1."S,不V也得V"构式

"S,不V也得V"从结构上看,可以看作是复句形式,其中"S"为前分句,表示原因,"不V也得V"为后分句,表示结果,整个结构是一个表示因果关系的复句构式。例如:

(1)虽然黑白道上,也讲规矩讲脸面讲义气,拔刀相助的事,李金鳌干过不少,小杨月楼却从来不沾这号人。<u>可是今儿事情逼到这地步,不去也得去了</u>。(冯骥才《俗世奇人》)

(2)在头一场风波中,吴摩西还受着委屈;如演变成另一场风波,这风波就是吴摩西造成的。<u>事情到了这种地步,人不找也得找了</u>。(刘震云《一句顶一万句》)

例(1)划线部分是一个因果复句形式,其中"可是今儿事情逼到这地步"表示原因,"不去也得去"表示结果;例(2)划线部分也是一个因果复句,其中"事情到了这种地步"表示原因,"人不找也得找了"表示唯一结果。

1.1 构式义解析

关于"S,不V也得V"构式义的研究,黄佩文(2004)、罗耀华(2011)、朱皋(2017)都曾讨论过。黄佩文(2004)、罗耀华(2011)讨论了"V也得V,不V也得V"的意义,都认为该句式表达"由于主观意志或客观环境,使得对方/自己非VP不可"的意义;朱皋(2017)讨论了"不V也得V"的构式义,认为该构式表达"毫无选择,非这样做不可"的意义,但是该构式义只是针对"不V也得V"本身。本文认为以上对构式义的概括都有不足之处。罗耀华讨论的是"V也得V,不V也得V"的意义,事实上,"V也得V,不V也得V"与"S,不V也得V"在意义上稍有不同。黄文和罗文所概括的"V也得V,不V也得V"的构式义能够涵盖"V也得V,不V也得V""S,不V也得V""不V也得V"三种类型的构式。例如:

(3)刘庆余让他们把树苗全部捆好后,慢条斯理地说:"不过,要等两年之后,树苗挂果、开花,你们再来拿钱。"夫妻俩见来人话中有音,连忙改口:

"这……我们不卖了,不卖了。"焦云九跨上一步,挡住两人说:"不行,<u>卖也得卖,不卖也得卖</u>!"(《市场报》1994年)

(4)据他们体会,国企以前的"政治思想工作"有时带一种强迫性,你<u>接受也得接受,不接受也得接受</u>,而现在他们丝宝的"沟通工作"是一种平等交流,心灵倾诉,使人心服,心灵感应,这样的沟通,才能建设队伍。(《人民日报》2000年)

(5)例如某地发生一起车祸,一辆新货车轻微损坏,谁知当地保险公司和交警队强令驾驶员到一个三流修车点维修,否则不给保险检测证明和事故处理决定,这边还在交涉,<u>那边车辆已被维修点大卸八块,不修也得修</u>,修理费也只好听凭人家开价。(《1994年报刊精选》)

(6)我说:"您一看就知道了,不让您说什么话。"大姐说:"你们就爱搞这个,我最不愿意过生日了。"我说:"<u>您不过也得过</u>,这是我们大家的心意!"(《1994年报刊精选》)

例(3)划线部分表示"由于说话人的主观意志使对方非卖不可"的构式义;例(4)划线部分表示"由于客观环境使自己非接受不可"的构式义;例(5)划线部分表示"由于客观环境使自己非修不可"的构式义;例(6)表示"由于说话人的主观意志使对方非过不可"的构式义。例(5)划线部分所表达的构式义与例(6)划线部分所表达的构式义互相补充,共同构成"V也得V,不V也得V"所表达的构式义。

也就是说"S,不V也得V"的构式义只是其中的一个方面,即表达"客观环境使对方或自己非VP不可"的构式义。例如:

(7)你不是问过我,刚来时我们为什么不答理你们吗?告诉你吧,我们听说学习班里的干部都是经过专门培训的,好像有什么特异功能,<u>只要一接你们的腔,你们的话就打到脑子里去了,不转化也得转化</u>。(《新华社新闻报道》2001年6月)

(8)现在她既已将他吓倒,她要乘胜追击,提出她的种种要求。只要他让步接受了她的条件,那么今后她的话就成了家里的法律。<u>她要不断地向他要钱,他不给也得给</u>。(翻译作品《嘉莉妹妹》)

例(7)划线部分表达"客观环境使自己非VP不可"的构式义；例(8)划线部分表达"客观环境使对方非VP不可"的构式义。"S,不V也得V"构式中，客观环境"S"通常以显性方式被表达。例如：

(9)莱阳市委书记慕永太说："我们喊政企分开多年了，总也分不开。<u>一搞股份制就分开了</u>，不分也得分，不讲效益、不讲增值、不讲生产要素优化组合的弊病，在股份制企业里，统统被股东们无情地扫出大门，长期困扰企业的难题迎刃而解。"(《人民日报》1993年12月)

(10)编辑和记者中有许多人原在旧轨道上生活惯了的，一下子改变，大不容易。<u>大势所趋</u>不改也得改，是勉强的，不愉快的。(《人民日报》1957年7月1日)

(11)这时大媳妇又甜言蜜语地给灌了些迷魂汤。俗话说：<u>女人是枕头边的风</u>不听也得听。康有富叫这女人引逗的心花缭乱，便答应了给桦林霸作事。这夜他便在大媳妇屋里过夜。(马峰《吕梁英雄传》)

(12)桂英绷着脸道："做姑娘的出门子，是正大光明的事情，谁都像您这心眼儿不赞成。"朱氏喷出一口烟来，笑道："我也没说不赞成啦。"桂英道："<u>这年头儿</u>，不赞成也得行啦。"(张恨水《欢喜冤家》)

"S"可以表示事件、抽象事物的状况。例(9)和例(10)中划线部分表示"事件"状况。例(11)和(12)表示"事物"的状况，例(11)中"女人是枕头边的风"相当于"女人的话是枕头边的风"；例(12)中"这年头儿"是时间短语，隐含时间状况。

当"S"不出现时，就会形成如例(6)中"不V也得V"构式。"不V也得V"构式中，"主观意志"通常是"人"的身份所赋予的。通常"人"的状况为权势角色。在言语交际中，不平等型是指交际双方在某一方面(如社会地位、辈份、年龄、财富等方面)存在差异，一方居于优势(如社会地位高些、辈份高些、年龄大些、财富多些，等等)，另一方居于劣势，交际双方在不等位的关系中进行交往，如上下级关系、师生关系、雇主和雇员关系、求助与被求助关系等等。(胡习之、高群，2015:74)事实上，权势角色是隐性关系，是说话人附带的身份，是听说双方共知的。因此，在实际使用过程中"S"可以不出现。例如：

（13）丁敏君厉声道："这掌门铁指环，<u>你不交也得交</u>！本派门规严戒欺师灭祖，严戒淫邪无耻，你犯了这两条最最首要的大戒，还能掌理峨嵋门户么？"（金庸《倚天屠龙记》）

（14）钟离秋："你们不说清楚，我不走。"另一士兵不客气道："<u>不走也得走</u>。"他说着，上前一把抓住钟离秋。（电视电影《孙子兵法与三十六计》）

有时权势角色包含在客观环境中，以"S"的形式表达出来，形成"S，不V也得V"构式，但是我们仍然将该构式归为"客观环境使对方或自己非VP不可"这一类。例如：

（15）这位在县委办公室任职的小头目有苦难言：上面来人，<u>领导指派要他陪酒，不喝也得喝</u>，似乎自己的主要工作就是喝酒，似乎喝酒就是一项"政治任务"。（《人民日报》1993年12月7日）

（16）编辑同志："我们单位有一位领导同志，以上级自居，当我们不同意他的重要主张或不执行他个人的错误决定时，他就武断地说：'<u>下级服从上级，不听也得听</u>。'"（《人民日报》1982年11月10日）

例（15）划线部分中"S"中含有权势角色"领导"，但是该权势角色包含在事件中，可以理解为"事件"使说话人自己非"喝"不可；例（16）划线部分中，虽然包括权势角色和弱势角色，但是"下级服从上级"已经成为"公理"，说话人正是利用"公理"使对方"非VP不可"。

1.2 构式义的形成

上述我们已经概括了"S，不V也得V"的构式义，我们认为该构式义的形成是由"S""不V""也得V"三个语块共同作用下形成的。

"S"表示客观环境，上述我们已经说到客观环境主要指人、事、物的状况。Halliday（1985/2010）认为："环境包括时间、地点、原因、方式等，要将它们发挥功能，需要将它们进行重新排列，给它们增添内容，把它们和整个过程类别联系起来解释，我们就能看到一个由这些环境成分建构的语义空间。"（Halliday,2010:169）构式"S，不V也得V"中的"S"我们把它认定为原因，尽管它有时以时间、空间的形式表现。例如：

（17）在头一场风波中，吴摩西还受着委屈；如演变成另一场风波，这风波就是吴摩西造成的。<u>事情到了这种地步，人不找也得找了。</u>（刘震云《一句顶一万句》）

（18）男人，很容易被真性情的女人感动，最后成为好姐妹。<u>近4点，不睡也得睡了，</u>上午还得加班，晚安。（BCC语料库《微博》）

例（17）和例（18）的划线部分分别表示地点和时间，尽管Halliday将其归为处所类别，但是从具体使用中可以看出，二者本质上还是表示原因。

根据Halliday的观点，环境成分的功能在使用过程中才能展现。构式"S，不V也得V"的排列方式为"S"在前，"不V也得V"在后，这符合人类关于因果关系的认知模式，"不V也得V"可以看作是增添内容，将"S""不V也得V"与因果关系联系起来，我们就能得到"S"所建构的语义空间，即"S，不V也得V"的构式义。

"S"的作用在于对"V"的限制，该限制通过"不V也得V"表征，使得"S，不V也得V"具有"唯一结果"的特征。例如：

（19）"就算你是个教师呗，也大可不必要那么烦琐的手续才看戏吧！你也太过分了。"我告饶说："<u>既然如此，不去也得去呀。</u>吃过晚饭，乘电车去吧！"（夏目漱石《我是猫》）

（20）为了强制他休息，大家定了一"计"：在采面，不论谁的灯瞎了，都要找老曹换亮的。<u>这么一换，老曹没灯了，不歇也得歇。</u>（《人民日报》1978年4月25日）

（21）丁尚武真要把肚子气破了！<u>可是到了这样紧急的关头，又有什么办法呢？不打也得打了！</u>他就像猛虎扑食一样，往前蹿了两蹿，嚓——的一下子，也把手榴弹甩了出去。（刘流《烈火金刚》）

例（19）划线部分表示在该状况下，"去"是必须要执行的；例（20）划线部分表示在"没灯"的环境下，必须要"歇"；例（21）划线部分表示在"紧急关头"只能"打"。"S"作为环境成分，属于非完全过程，必然要参与因果关系建构，其参与建构的手段往往是对结果的限制，限制了可以执行的"动作"范围。

"S"对结果的限制在语义上表现为"唯一"义,该意义通过结构"不V也得V"进行表征。从结构上看"不V也得V"是由"否定"和"肯定"组合而成的矛盾体,"不V"为否定,"也得V"为肯定。上述我们已经说到,"S"对他人或自己行为动作进行限制,也就是说,客观环境或语境限制了行为动作的范围。客观环境或语境已经将动作行为设定在"V"上,接下来一步只需讨论"V不V"的问题。对于已经设定了的行为动作而言,只剩下肯定与否定的区别,排除否定的动作行为,就只剩下肯定性行为,这一过程中副词"也"发挥了重要作用。例如:

（22）"那还听不出来? <u>俺玲姐唱的又清又脆,又响又亮,和敲钟似的,不听也得听</u>,歌自己往你耳朵里钻,聋子也听得。"玉珊兴致勃勃地说,忘记头发还被人揪着,又想起什么转朝振德问:"咦,大叔,听说春玲的名字和她的嗓子还有点关联呢,是吗?"（冯德英《迎春花》）

（23）爷爷有房子,有铁匠铺,我生下不久,还没学会站,爷爷便把我要去,以后一直在他身边长大,感情相当深,甚至比对父亲的感情深。爷爷一见我便哭出声,抱住我上上下下看个没够,摸个不停。他身体很糟,心情也不好。当时成立互助组,政策上讲的是自愿参加,实际上等于强迫。爷爷不自愿,<u>生产工具都被街道收走了,不参加也得参加</u>。（权延赤《红墙内外》）

例（22）划线部分客观环境"唱的又清又脆,又响又亮,和敲钟似的"设定了关于行为动作"听"的讨论,关于"听"有两种选择"不听"和"听",在客观环境下只能选择"听";例（23）语境已经设定了关于行为动作"参加"的讨论,关于"参加"可以是肯定性的,也可以是否定性的,在客观环境下,排除否定性的,只能选择肯定性的。副词"也"能够使动作行为倾向于肯定性。吕叔湘（1980）指出副词"也"表示无论假设成立与否,结果都相同。全式"V也得V,不V也得V"的意义正是副词"也"作用的体现,全式中的"V"和"不V"是提出的假设,无论假设成立与否,结果还是要"V"。"不V也得V"中"不V"是与对方或自己不利的一种假设,这种假设成立与否,不影响结果。

其实,"不V也得V"结构是在交互主观性（intersubjectivity）的机制下形成的。Traugott 认为："交互主观性体现出说话人对听话人的认同和关注。"（Traugott & Dasher, 2002；Traugott, 2003）丁健认为："交互主观性表达的是说话人所关注到的听话人的态度或视角。"（丁健, 2019）。"不 V 也得 V"结构中的"不 V"体现了说话人／作者对听话人／读者的关注和视角。例如：

（24）一直参与抢险的假冒者黄金运在进洞前,曾一再向该工程公司领导表示"坚决不干"。然而,该领导却大发雷霆,威胁黄说这是"政治任务",<u>不干也得干</u>！（《文汇报》2000 年 1 月 18 日）

（25）拍完的片子就跟自己孩子似的,是俊是丑都得兜着,<u>怎么说都是自己家的,不喜欢也得喜欢</u>。（《文汇报》2002 年 7 月 26 日）

例（24）划线部分中"不干"为说话人对听话人的关注,说话人预想到听话人存在和自己不同的认识立场；例（25）划线部分中"不喜欢"为作者对读者的关注,作者会考虑到读者存在"不喜欢"的想法。Schiffrin（1990）认为："语言活动是说话人的活动（它包括说话人期望达到的感知效果以及预期之外的感知结果）和听话人对所有可接收信息的理解之间的相互作用,也就是说'交互主观性'不仅涉及说话人对听话人的关注,而且设想了听话人对话语的理解及反应。"全式"V 也得 V,不 V 也得 V"相比简式"不 V 也得 V"来说,设想听话人／读者的反应更为全面,考虑到"V"和"不 V"两种反应。

2."S,不 V 也得 V"的非现实情态

"S,不 V 也得 V"构式中"不 V 也得 V"具有非现实性（irrealis）。"根据 Comrie（1985）、Chafe（1995）和 Mithun（1999）等论著,现实性主要用来描述已经或正在发生和实现的情境,指的是现实世界已经或正在发生的事情,并且一般与直接的感知关联。相反,非现实性主要用来描述只在想象中出现和感知的情境,一般指的是想象中可能发生或假设发生的事情。"（周韧, 2015：169）例如：

（26）我哭了昂！老公不让我去送！非说睡一觉都好了！哼哼、不管。<u>放学了把药拿到学校门口。不要也得要</u>。他要不吃我都喂他吃！<u>不吃也得吃</u>！（BCC

《微博》)

（27）楚留香叹了口气，道："一个人若是情有独钟,的确谁也不能干涉,姑娘你好好的人不做,为何要做鬼呢？"那少妇面色变了变,道："你说的什么？我不懂。"楚留香淡淡道："<u>事已至此,施姑娘只怕不懂也得懂了</u>。"（古龙《楚留香传奇·鬼恋传奇》）

例（26）划线部分中的"不要也得要""不吃也得吃",例（27）划线部分中的"不懂也得懂"都是描述想象中出现和感知的情境,并非是现实世界中已经发生或正在发生的事。事实上,"可能发生或假设发生的事情"体现了"不 V 也得 V"的话语信息,其中"不 V"与听话人的预期一致,为预期信息（expectation）,"也得 V"与听话人的预期相反,为反预期信息（counter-expectation）。例如：

（28）什么都殷切盼望转机,外国人可没有这种习惯,人家叫铁芬妮、玛丽、贝华莉、米兰达,一点涵意也无……"忽然问："你可会英文？"从心摇摇头。"我教你。"从心刚在欢喜,又听得她说："<u>从今日起,我只与你讲英文,你不懂也得懂</u>,很快会讲会答。"（亦舒《艳阳天》）

（29）<u>上海人喜欢喝点黄酒,得了糖尿病,不戒也得戒</u>,实在忍不住了,只能偷偷哑上一小口……盛世临降糖足贴,运用足疗原理,它通过贴敷足底涌泉穴,调理胰腺功能,逐步恢复其正常的生理状态。（《文汇报》2004 年 9 月 29 日）

例（28）画线部分"不懂"是听话人的预期信息,"也得懂"是听话人的反预期信息；例（29）画线部分"不戒"是听话人的预期信息,"也得戒"是听话人的反预期信息。反预期信息"也得 V"中包含了表示情态（modality）的"得",使得整个结构的语义倾向于反预期信息。

Saeed（1997）认为"情态"是指人们对假设的（或理想的）情境与现实世界是否相符的预测。"S,不 V 也得 V"构式中的"也得 V"为假设的情境,是与现实世界不相符的预测,主要通过情态动词"得"表现。情态通常分为认识情态（epistemic modality）、道义情态（deontic modality）和动力情态（dynamic modality）,构式"S,不 V 也得 V"中的"得"表示道义情态。道义情态指的是

"说话人对句子主语实施某一动作施加主观的影响或指令"。(朱冠明,2005)例如:

（30）我为此不得不再次背井离乡,但我一刻也不能停止回想过去。我现在做什么都没兴趣,我该怎么办?林峰林:事实就是事实,你不接受也得接受。（BCC《科技文献》）

（31）当地政府、主管部门及有关部门为建设某一项工程或开展某一项活动,将所需费用指定金额,限定时间,悉数摊派给企业,企业不拿也得拿。（BCC《科技文献》）

例（30）划线部分表示说话人对听话人施加指令"接受";例（31）划线部分表示说话人对自己实施"拿"施加主观影响。总之,该构式中的"得"表示"必须"义,动作行为的实施者不能自主,这与进入该构式的动词的语义特征是矛盾的。构式义强调的是整个结构的意义,正是因为整个结构具有"非VP不可"的意义,才能将进入该构式的动词的自主性压制(coercion),从而凸显构式的整体义特征,即非自主性,造成强迫的语用功能。例如:

（32）黑鹰已疾速出手,点向小刀儿肩井、期门穴,小刀儿应指而倒。黑鹰冷笑道:"老头你倒啰嗦得很!哼哼!救人一命,不走也得走!"（李凉《公孙小刀》）

（33）美少年不怀好意地笑道:"二位既然来了龙头河,在下怎好不稍尽地主之谊?况且,你们要见识一下龙潭,才不虚此行啊!"小仙尚未置可否,乌玛已惊叫道:"玉小长老,快救救我,我不要去龙潭……"美少年嘿嘿冷笑道:"小姑娘,这可由不得你,不去也得去。"（李凉《江湖一担皮》）

例（32）划线部分中动词"走"是自主的,而结构"不V也得V"的构式义表现为"必须走"的非自主性特征,词汇义与构式义不相谐,说话人为了表现强迫的功能,只能是构式义压制词汇义,即非自主压制自主。例（33）同理。

3.结语

本文将"S,不V也得V"分为原因和结果两个部分,其构式义概括为:客观环境使受话人或自己非VP不可。通过研究发现,"S,不V也得V"的意义为全式"V也得V,不V也得V"意义的一部分,该意义与简式"不V也得V"的意义互补。构式义的形成主要经过限制和表征两个过程,"S"限制"V"的范围,语义具有"唯一"义,"不V也得V"表征唯一义,其中副词"也"发挥了重要作用,"交互主观性"为"不V也得V"结构形成的机制。最后,研究发现表示结果的"不V也得V"具有非现实性,能够表达说话人的道义情态,即必须义,该语用功能是由结构对动词的压制而来。

参考文献

丁健:《语言的"交互主观性"——内涵、类型与假说》,《当代语言学》2019年第3期。

韩礼德:《功能语法导论》(第二版),外语教学与研究出版社2010年版。

胡习之、高群:《试析会话结束语"就这样吧"》,《当代修辞学》2015年第3期。

黄佩文:《句式"V也得V,不V也得V"》,《汉语学习》2004年第1期。

陆俭明:《句类、句型、句模、句式、表达格式与构式——兼说"构式–语块"分析法》,《汉语学习》2016年第1期。

罗耀华、孙敏、阮克雄:《现代汉语叠映祈使句考察》,《长江学术》2011年第2期。

吕叔湘主编:《现代汉语八百词》,商务印书馆1980年版。

马庆株:《自主动词和非自主动词》,《中国语言学报》1988年第3期。

周韧:《现实性和非现实性范畴下的汉语副词研究》,《世界汉语教学》2015年第2期。

朱皋:《"不V也得V"的构式分析》,《常州工学院学报(社科版)》2017年第1期。

朱冠明:《情态动词"必须"的形成和发展》,《语言科学》2005年第3期。

Goldberg, A. E. :*Constructions:A Construction Grammar Approach to Argument Structure*, The University of Chicago Press, 1995.

Halliday, M. A. K. :*An Introduction to Functional Grammar*,Edward Arnold, 1994.

Saeed, J. I. :*Semantics*,Blackwell Publishers Ltd, 1997.

Schiffrin,D. :*The Principle of Intersubjectivity in Communication and Conversation*,Semiotica 1(01), 1990.

Traugott,E. C. &Dasher, R. B.: *Regularity and Semantic Change*,Cambridge University Press, 2002.

作者工作单位:盐城师范学院文学院

现代汉语状中类双动词结构的
用法差异与理解因素*

朱　磊　许凯凯

摘　要　本文基于新闻报刊文本封闭考察现代汉语双动词直接连用组成的六类结构类型,以动词直接做状语为例,描写状中类双动词结构的用法模式与功能表现。文章首先确定判断两个动词直接组合的语法结构类型的判断标准,再统计各类短语在新闻报刊中的占比分布。接着提出将状中式"V_1+V_2"结构从连动式中分离出来,根据语义特征将本文的状中结构分为描述特征类和限制说明类,再进行具体划分,归纳状位动词在具体句子中的语法特点和表现形式。最后通过实验发现,状位动词处于不同句法位置和焦点成分能够表现出轻重对比的韵律差异。

关键词　双动词短语;结构类型;状语;韵律

一、引言

　　吕叔湘、朱德熙(1952)提到,一个谓语里有两个或更多的动词,这个谓语就复杂起来了。现代汉语和古代汉语均存在两个以至三个、四个动词直接连用的现象(杨伯峻,2016;张国宪,2016;朱磊、陈昌来,2022;等等)。既有研究主要关注汉语动词的句法功能和概念结构,较少探讨动词直接连用构成的结构类型及其用法模式,具体表现在如何确定动词直接连用的语义关系和组配成分的使用情况,这也是自然语言处理工程和标注系统需要补充解决的问

---

*　基金项目:本文系国家语委重大科研项目"服务长三角一体化发展的区域语言规划研究"(ZDA145-10)和2023年国际中文教育研究课题青年项目"面向国际中文教育的汉语双动词组配模式研究"(23YH21D)的阶段性成果。

题之一(杨泉、冯志伟,2005;徐艳华、陈小荷,2006;等等)。本文以现代汉语两个动词直接连用的情况为例,通过一系列格式添加与成分替代的变换方法,补充提供相关鉴定和提取参考标准,再具体到动词直接作状语构成的双动词状中式为例,细化说明若干分类和鉴别手段,最后分析动词在充当不同句法成分时的语音表现,比较动词位于不同句法位置的韵律参数,为有效识别和判断连用动词组合的性质和特点提供可行性的操作意见。

二、结构类型的确定标准与统计分析

(一)研究对象

按照"动词中心说"的观点,核心动词与其相关语义成分共同构成了句子的语义结构基底,一般称为述谓结构。述谓结构具有不同的语义关系和形式特征,构成多种语法结构类型。一些经过自动切分后的动词虽然形式上连接在一起,但在意义上毫无联系,不能完整组合为一个结构模块,因此首先需要判断所切分出来的连用动词串是否完整地构成了一个结构组合单位,主要从形式和意义两个角度分析所切分的动词短语:

第一,从搭配功能角度观察,单双音动词连用后构成的动词短语能够符合韵律组合和语体表达习惯,语义上存在固定联系且较少发生歧义现象。组合后的动词短语能够形成一个完整的意义表达单位,作为搭配完整和语义连贯的组合系统,在具体句子中能够充当句法成分,例如"租住""试运行""外出旅行""前来参观""加强合作"等。

第二,运用插入法区分词和短语,中间一般能够插入词或者添加格式标记的,就归为短语,如"整理[和]回收""参与[比赛的]报道""参加[企业的]培训""[运用]考核[的方式]评价"等。需要说明的是,文章的研究对象主要以BCC语料库自动分类加工的词性表为基础,若《现代汉语词典》(第7版)列为一项词条的,就归为词,如"移送""审查"。关于习语或成语性质的用例,因其形式固定而非组成要素的意义相加,不能扩展且整体基本具备与词相等的语法功能,不是自由组合而成的,便算为凝固结构,如"闭门造车""掩耳盗铃""坐井观天"等不在研究范围之内。

（二）判定标准

考察发现,两个动词直接连用形成的动词短语根据分布特征可以划分出主谓、述宾、状中、联合、连动、述补共六种结构类型。具体的语义关系和判断标准如下:

主谓结构如"发行开始、研制成功"的 V_1 是描写和说明的对象, V_2 是对 V_1 的叙述、说明和描写。扩展变换的方法有:(1) V_1 怎么样;(2)什么 V_2;(3) V_1 和 V_2 中间添加语气词;(4) V_1 的 V_2;(5) V_1 是不是 V_2 了。与此相比,述宾结构"监督学习、提高警惕"的组成成分之间是支配和被支配的关系,在具体的句子中能够独立表达。判断方法主要有:(1) V_1 的是 V_2;(2) V_1 什么。联合结构表示的关系是并列的,动作行为不分主次,二者动作具有连发的共同特征,而连动结构多表达顺序和目的关系。述补结构的组成成分之间是补充和说明的关系, V_2 补充说明核心成分 V_1, V_2 多为结果补语和趋向补语。以"调查研究""来工作""听懂"对比为例:

表 1　联合结构、连动结构与述补结构判定标准对比

	V_1 和 V_2	V_2V_1	V_1 后 V_2	V_1 为了 V_2	V_1 怎么样	V_1 得 V_2、V_1 不 V_2
调查研究	+	+	－	－	－	－
来工作	－	－	+	+	－	－
听懂	－	－	－	－	+	+

需要说明的是,状中类"垂直降落、集中解决"的动词成员之间构成修饰和被修饰的关系, V_1 描写动作行为或变化的方式、状况或说明事情发生的时间、阶段等。可以扩展成:(1) V_1 地 V_2;(2)怎么 V_2;(3)通过 V_1 的方式 V_2。根据上述标准归纳各个动词组合单位的不同类型,我们发现结构关系的差异性主要体现在添加补充标记、调转语序以及搭配成分等方面,通过对比分析可以较为全面地检验各类结构在使用过程中的表现形式和特点,从而进一步检验判定标准提取成分时的可靠性。

（三）统计分析

根据上述判断标准,笔者选取了 2015 年全年的《人民日报》语料库作为统计样本,首先按照BCC的语料处理工具进行自动分词和词性标注,再利用Perl语言编程的方式,自动构建BCC词表内动词直接连用的正则表达式为"\S+/v\s+\S+/v"。其中"\S+/v"能够匹配到一个标注词性为v的词语,运行后可以有效匹配到如"持续/v研究/v""创新/v推动/v"等两个动词直接连用组合。该语料经过初步分词和标注之后,进行了人工校对工作,语料质量较高,语言表述规范。之后对匹配到的单元进行频次统计,最终按照自高到低的顺序进行排列,输出到文件中,选取出现频次不低于 5 次的"V_1+V_2"结构,统计结果见下表:

表 2　2015 年《人民日报》单双音动词使用频次不低于 5 的"V_1+V_2"结构类型统计

结构类型	韵律模式	举例	统计结果	总计占比
主谓结构	2+1	评论称　通报称	6	182：4%
	2+2	抗战胜利　办理完毕	176	
述宾结构	1+1	禁入　停伐	48	1872：45%
	1+2	受关注　搞扩张	163	
	2+1	开始试　选择走	46	
	2+2	加强交流　避免发生	1615	
状中结构	1+1	倒逼　分列	74	571：14%
	1+2	试运行　代加工	3	
	2+1	抓紧做　向前走	45	
	2+2	加快转变　统一行动	449	
联合结构	1+1	奏唱　垒砌	37	684：17%
	2+1	回答说	1	
	2+2	改革发展　看病就医	646	
连动结构	1+1	去做　来看	28	194：5%
	1+2	来种地　去解决	33	
	2+1	用来做　下水救	9	
	2+2	前来参加　外出打工	124	
述补结构	1+1	守住　做到	351	617：15%
	1+2	摆进去　走出去	67	
	2+1	折射出　感受到	124	
	2+2	落实到位　调动起来	75	
总计		4120：100%		

运行上述程序后共获取66560组连用动词搭配,使用频次大于5的是9423组,能够完整表达的结构单位是4120组,使用频率最高的是述宾结构,达到1872组,除述补结构外,其他五种结构中[2+2]式使用频次较高,如联合结构的高频使用体现了报刊书面语中正式和庄典的语体特点,反映了书面语体的"趋雅律"和"整齐律"特点(孙德金,2012),连动结构中[1+2]式中的V_1和述补结构中的补语多由趋向动词充当。比较六类结构中[2+1]和[2+2]式的使用频次发现,二者存在显著差异($\chi2=1039.291$, $df=5$, $p<0.001$),表明在新闻报刊语体中韵律模式与句法结构的选择具有倾向性。

三、状中类双动词的结构类型分类与语义特征

学界目前对"连动式"的讨论还在继续,主要集中在确定连动式的范围和特点,进而区别其他结构类型的短语。从上文的统计归类可以看出,本文所确定的状中式占比较高,值得进一步分析和处理。状语是位于谓词性结构前端起到修饰和限定作用的句法成分,结构助词"地"作为表示状语的典型标记,鉴别动词直接连用的状中式同样适用,例如"保密(地)推进、加速(地)运行、抓紧(地)开展"。本节基于状语成分整体呈现出的语义特征确定以下五类形式判断标准。

(一)描述特征类

1.情绪状态

鉴别方法:(1)怎么V_2;(2)V_1地/着V_2;(3)以/在V_1的状态下V_2。

状态类状语体现了动作[+心理]和[+描摹]两类特征:

(1)[+心理]类

多添加标记"地",表示动作行为者所处的心理状态,前面可添加程度副词"很、太、非常"等,多为心理活动类动词,体现情绪特点,核心动词多为感官类动词"说、讲、听"等。例如:

(1a)有网友<u>同情说</u>:"知错能改很可贵,更何况她生病了。"(中国新闻网2013年6月19日)

（1b）网友**同情地说**：体育老师"本应该是体质最好的那个，最后却经常被'生病'"。（《中国青年报》2019年12月31日）

（2）有人**担心说**，众筹会不会活生生地变成"众愁"？（《中国青年报》2017年6月13日）

（3）早上坐网约车出门，不料网约车姗姗来迟，**司机抱歉说**："没办法，新政越来越严，能开的车越来越少。"（《钱江晚报》2017年5月23日）

类似的心理动词还有"羡慕、赞赏、怀疑、埋怨、感激、留心、注意"等，该类结构直接连用的使用频率较低，多添加助词标记出现。

（2）[+摹状]类

描写动作行为发生的状态或事件参与者的特征，体现动态的持续性和延展性特点。例如：

（4）年货集市等众多活动，戏剧、曲艺、杂技等传统文艺每天**滚动上演**，上海百余位艺术家轮番登场，写春联、传技艺，带来一片春"艺"盎然。（《人民日报》2018年2月22日）

（5）关于新车的更多消息，我们将**持续关注**。（《中国汽车报》2019年12月25日）

（6）同时，王某系在高速隧道内**超速驾驶**，追尾前方大货车，才造成自己父母双亡。（《北京青年报》2019年10月31日）

上述例句添加标记后，分别理解为"活动以滚动的状态上演""我们以持续的状态关注""王某在超速状态下驾驶车辆"。类似的短语还有"活剥、瘫坐、隔离审查、继续创作、胜利召开、超载运行、脱产复习"等。

2.概念方式

鉴别方法：（1）怎么V$_2$；（2）用/以/通过/凭借V$_1$的方式/方法/手段V$_2$。

状位动词侧重描写V$_2$的具体行为方式，通过在扩展的短语成分之间或抽象的句子中补充相关形式标记进行描写，主要分为[+措施][+协同][+致使]三类。例如：

（1）[+措施]类

多为动宾式复合词，添加介词框架标记后表示核心动作的行为方式，如

"以/通过 V_1 的方法 V_2"。例如：

（7a）人民教育出版社为湖北省中小学师生免费提供为期三个月的数字教材等数字资源和应用服务。（人民网教育频道 2020 年 2 月 8 日）

（7b）由服务机构来进一步协调、对接各方需求，并以完全免费的方式提供中介服务。（上观新闻 2019 年 6 月 17 日）

（8）他顶住压力，破格晋升"华农八大金刚"，打开了华农人才培养的新格局。（《农民日报》2019 年 12 月 12 日）

（9）从 2019 年 10 月起，东京大学固体物理研究所启动了氦气再液化项目，加强氦气的循环利用。（新华网 2020 年 1 月 2 日）

类似的短语还有"辐射带动、跑步前进、突击检查、举手表决、选举产生、综合考虑、限量供应、跟踪拍摄"。

（2）[+协同]类

状位动词多为二价动词，句间可添加"和、跟、同、与"等搭配与事成分共同出现。例如：

（10a）中方一贯主张应通过对话协商解决分歧，反对在国际关系中使用武力。（《人民日报》2020 年 1 月 4 日）

（10b）此时亟须国际社会的合作，促使双方以和平、协商的方式解决问题，促使巴以关系缓和。（《中国国防报》2019 年 8 月 14 日）

（11）两只小兔听见了，说："这算什么本事！咱们明天比赛跑步。"（《人民日报海外版》2002 年 4 月 18 日）

（12）由中国动漫集团与首都图书馆联合主办，"红色经典"连环画艺术展在首图展出千余本连环画图书和百余幅连环画封面。（《北京晚报》2020 年 1 月 3 日）

类似的短语还有"并列荣获、合力育才、合作出台、商讨推动、谈判解决、配套准备、交叉进行、搭配使用"。

（3）[+致使]类

有的动作动词表示致使行为发生（陈昌来，2002）。致使方式动词构成的抽象句子"N_1+V+N_2"可变换为"使""被""把"字句，说明 N_1 使 N_2 做某事或

引起 N_2 出现结果,体现了处置义和该动词在词汇意义层面的致使义特点。例如:

（13）在补偿决定规定的期限内又不搬迁的,由区(县)人民政府依法申请人民法院<u>强制执行</u>。(《解放日报》2011 年 11 月 9 日)

（14）派出侦查员到外省市待命,待<u>统一收网</u>。按照市局统一指挥,12 月 4 日开展收网行动开始。(人民网 2019 年 12 月 26 日)

（15）2019 年 10 月 10 日,广州白云警方对一生产销售假冒伪劣味精犯罪团伙<u>集中开展</u>收网行动。(《广州日报》2020 年 1 月 6 日)

上述例句可以理解为"法院以强制的方式使住户执行搬迁协议""公安局按照统一的方法把行动指挥""警方以集中的形式把行动开展",类似的短语还有"垄断经营、分散转移、强迫遵循"等。

（二）限制说明类

1.参照时间

鉴别方法:(1)什么时候 V_2;(2)在 V_1 的时候 V_2。

该类结构多在特定用法中出现, V_1 在具体语境中转指具体事件发生的时段单位,确定了观察谓词成分的进展状况,在句子中主要作为外部时间参照。例如:

（16a）除此之外,要坚持注意日常用眼卫生,采取<u>出门佩戴</u>墨镜等保护措施。(《北京青年报》2019 年 11 月 19 日)

（16b）流感的关键在预防,并建议<u>出门时佩戴</u>口罩。(人民网·人民健康网 2020 年 1 月 23 日)

（17a）你可以路上听、车上听、<u>跑步听</u>、做家务的时候听,睡前还可闭着眼睛听。(人民网·人民健康网 2018 年 8 月 17 日)

（17b）*take a ride* 表达了一种启程的状态,可以在<u>开车、跑步的时候听</u>,给人一种很放松的感觉。(环球网 2016 年 3 月 29 日)

（18a）全市消防部队的电脑是否有连外网后再接内网,手机是否集中保管,<u>外出使用</u>过的手机是否连接过内网进行专项督察。(人民网·人民消防网 2016

年10月12日）

（18b）鉴于人们至少<u>在外出时使用</u>智能手机，这并不让人感到意外。（人民网研究院 2014 年 10 月 22 日）

该类结构也可以认为是省略形式，是对话语体中经常出现的临时用法。

2.因由关系

鉴别方法：（1）因为 V_1 的原因 V_2。

动词成员之间存在因果联系，使用频率较低，部分单音节动词组合后凝固为复合词。例如：

（19a）去年她车祸<u>受伤住院</u>，家长自发排班，轮流送餐，让她备感温暖。（新华网 2019 年 7 月 3 日）

（19b）目前，摩托车驾驶员和行人都因为<u>受伤住院</u>，伤情没有生命危险，具体案情民警还在调查中。（《钱江晚报》2015 年 1 月 6 日）

3.变化过程

鉴别方法：（1）经过 V_1 的过程/阶段 V_2；（2）在 V_1 的基础上 V_2。

该类用法主要集中在"添、加、转、增"等单音节动词（孙德金，1997），如"添置、加开、补报、增设"等，V_1 说明 V_2 的发生实现了从无到有的变化或动作进行的过程。变化过程类状中结构与典型的连动式存在交叉，但该类状中结构也可以扩展成"经过 V_1（N）的过程 V_2"。例如：

（20）员工在获得退休金之外，企业还将对其<u>补发</u> 3~24 个月的薪水，而通过中介找到新工作的员工则只能获得上述补助的一半。（人民网日本频道 2019 年 12 月 5 日）

（21）美国"喊话"再次呼吁土耳其<u>改买</u>"爱国者"。（新华网 2019 年 4 月 4 日）

（22）未来这栋楼还将<u>加装</u>电梯，目前已完成设计和报批。（《北京晚报》2019 年 10 月 12 日）

以上例句分别理解为"经过补工资的过程发放""经过修改的过程买"和"经过增加电梯的过程装上"，变化过程类状中结构多为 1+1 式双音节复合词，突出施事的行为变化过程具有传递功能。根据上述分析，下表汇总了较为

典型的鉴定方法,总结了状中式"V_1+V_2"结构的语义类别:

表3　状中式"V_1+V_2"语义类别与语义特点汇总

语义类别		鉴别方法	语义特点	举例
描述特征类	情绪状态	怎么 V_2; V_1 地/着 V_2; 以/在 V_1 的状态/情况下 V_2	[+心理] [+摹状]	埋怨说 超载运行
	概念方式	怎么(个) V_2 法(儿); 用/以/通过/凭借 V_1 的 方式/方法/手段 V_2	[+措施] [+协同] [+致使]	分类指导 协商解决 集中处理
限制说明类	参照时间	在 V_1 的时候 V_2	[+时段]	外出佩戴
	因由关系	因为 V_1 的原因 V_2	[+原因]	受伤住院
	变化过程	经过 V_1 的过程/阶段 V_2; 在 V_1 的基础上 V_2	[+阶段]	补充说明

从上表看到,动词在充当状语时体现出不同性质和特点,在结构上具有多种表现形式,具有修饰和限定功能。《现代汉语词典》(第7版)在给动词的词项举例时,一般不列举作状语的用例,但在实际语料中存在状语功能的用法。例如:

【合作】分工~,技术~,也可以有"~处理"。

【加班】~加点,~费用,也可以有"~工作"。

【搭配】合理~,~不当,也可以有"~服用"。

上述三例在《现汉》中未列出状语用法,而部分词条既列举作状语的用例,也列举充当其他成分的用法。例如:

【加速】~运行,~灭亡。

【交叉】~作业,公路和铁路~。

【连续】~十年无事故,~创造了高产纪录。

又如上例的"分工",但出现此类用法的词例较少。随着搭配功能的拓展和使用频率的增加,动词在状语位置固定后逐渐开始功能转化,成为兼类词,如"集中、统一、迂回"是动、形兼类词,部分状位动词经语法化后归为副词,各家对此命名不同,有"专职的动词前加词"(陈一,1989)、"情状副词"(史金生,2012)、"方式词"(李铁范,2015)、"描摹性副词"(张谊生,2018)

等。另外,词法与句法在基本结构关系上一致性程度较高,部分动词模块在词汇双音化过程中已固定成为偏正式复合词,如"盗用、滴灌、兜售、合营、回放、限行"等。

四、动词在不同句位的韵律表现

韵律从物理角度,指基频、时长和强度等声学参数,它不但能传递语言学信息,而且能传递副语言学和非语言学信息(李爱军,2002)。从实证角度研究汉语韵律与句法之间的联系,学界已有相关成果,如杨玉芳(1997)、熊子瑜(2003)等研究了不同等级的韵律单元在语流中的声学表现。就现有研究成果看,面向动词在不同句法位置的研究较少,例如同一动词在充当述语、宾语和状语时有何韵律差异。本节利用相关参数标准统计分析动词在不同句法位置的声学特征,比较动词充当不同句法成分的韵律表现差异,尝试分析动词在韵律和句法界面的互动关系。

(一)实验设计

1.被试

本实验选取 4 名上海师范大学在读研究生作为发音人,被试为 3 位女性和 1 位男性,年龄在 30~40 岁,语音面貌良好,普通话等级为一级乙等,能够根据调查问卷提出的标准进行格式鉴定。

2.语料设计

为了便于分析所研究的动词在语句中的语音表现,本文设计了包含动词直接连用的状中结构和述宾结构两类实验句,测试的动词短语居于谓语核心位置,充当状语的动词与对应的述位动词声调相同,同时保证谓语前后搭配的词语相同,主语和宾语保持前后一致,做到在语义衔接上连贯一致,尽量减少其他干扰因素。例如"小李参加工作三天了"与"小李加班工作三天了"对比分析。朗读材料分为 3 部分,一共 20 组,40 个实验句,每组对比句随机排列。

3.实验程序

录制语音的实验地点是安静的封闭空间。实验顺序为被试首先根据问卷提供的测试标准判定动词组合在实验句中的结构关系,保证与参考标准吻合度在95%以上。之后每位发音人使用普通话,以自然状态、平稳语速朗读实验句,每个实验句朗读2遍,每部分朗读完毕之后休息5分钟,选择最清晰的句子进行切分和标注。录音文件格式为单声道、16位,采样率为22050 Hz。共计得到80组,160个样品句。

4.测量与计算

语音数据样本的采集在Praat中切分和标注,按照ProsodyPro脚本提取相关参数的具体数值,利用SPSS 22.0统计各类动词成分在不同语法结构类型中的数据均值和差异表现。

（二）结果分析

动词在不同句位时的各参数韵律表现进行描述统计分析,结果见下表:

表4 V_1各项语音参数均值和标准差

	maxf0	minf0	excursion size	meanf0	finalf0	mean intensity	duration
状位V_1	332.38 (63.30)	170.83 (45.15)	11.76 (4.56)	259.70 (56.78)	215.14 (67.94)	75.76 (2.82)	621.41 (82.14)
述位V_1	328.26 (64.09)	170.58 (42.17)	11.45 (4.16)	257.68 (52.01)	211.45 (59.57)	74.41 (3.48)	604.83 (121.43)

表5 V_2各项语音参数均值和标准差

	maxf0	minf0	excursion size	meanf0	finalf0	mean intensity	duration
述位V_2	269.63 (59.74)	142.43 (32.82)	11.09 (4.90)	200.45 (40.51)	195.16 (51.87)	70.13 (4.33)	603.80 (97.99)
宾位V_2	277.09 (57.85)	147.99 (29.10)	10.77 (3.88)	208.04 (44.24)	196.42 (56.17)	71.52 (3.81)	606.00 (104.62)

各参数配对样本t检验的结果显示,不同句位的V_1和V_2在mean intensity方面表现均存在显著差异,V_1在状位与述位相比,$t=3.689$,$df=79$,$p<0.001$,V_2在述位与宾位相比,$t=-2.894$,$df=79$,$p=0.005$,作为焦点成分的状语位置V_1和宾语位置V_2比述语V_1和V_2语音表现较重,其他参数的数值指标均不显著。上述实验结果表明,动词在不同句位发生了一系列语音表现

形式的变化,韵律产出存在轻重对比,这与动词在不同结构中的组合效应和使用效果有关;同时,在前测过程中,调查问卷的语料设计通过形式手段验证了若干识别标记,将不同短语类型表现出来,使具有不同句法功能的动词作为重音使用,成为对比焦点和强调焦点标记出现,形成了轻重韵律差异。

五、结论与余论

汉语的词类与句法成分之间并非一一对应的关系,而是具备多功能性。本文总结归纳了若干项动词直接连用短语的鉴别方法,统计各类短语的用法差异和表现特点,并认为部分动词具有直接充当状语的功能,从形式和意义对应角度对动词直接连用的状中式进行具体分类,讨论连用动词结构居于不同句位的韵律特点。张敏(1998)认为动词的形式特征及其实现能力主要取决于其概念和功能属性,那么,若同一动词体现了不同功能,该动词在实际运用中的语义和语用属性发生了怎样的变化? 在格式义的制约下,如何概括格式义对动词搭配的选择,动词成员的组配过程又表现了哪些差异,后文将继续探讨。

参考文献

吕叔湘、朱德熙:《语法修辞讲话》,开明书店 1951 年版。

杨伯峻:《文言语法》,中华书局 2016 年版。

张国宪:《现代汉语动词的认知与研究》,学林出版社 2016 年版。

朱磊、陈昌来:《〈左传〉动词直接连用的结构类型与组配功能考察》,《古汉语研究》2022 年第 2 期。

杨泉、冯志伟:《面向中文信息处理的现代汉语"V+V"结构歧义问题研究》,《语言文字应用》2005 年第 1 期。

徐艳华、陈小荷:《面向自动句法分析的"V+V"结构歧义研究》,《计算机工程与应用》2006 年第 33 期。

孙德金:《现代书面汉语中的文言语法成分研究》,商务印书馆 2012 年版。

陈昌来:《现代汉语动词的句法语义属性研究》,学林出版社 2002 年版。

孙德金:《现代汉语动词做状语考察》,《语言教学与研究》1997 年第 3 期。

陈一:《试论专职的动词前加词》,《中国语文》1989 年第 1 期。

史金生:《现代汉语副词连用顺序和同现研究》,商务印书馆 2011 年版。

李铁范:《现代汉语方式词的认知功能研究》,上海师范大学 2015 年版。

张谊生:《现代汉语副词研究(修订本)》,商务印书馆 2018 年版。

李爱军:《普通话对话中韵律特征的声学表现》,《中国语文》2002 年第 6 期。

杨玉芳:《句法边界的韵律学表现》,《声学学报》1997 年第 5 期。

熊子瑜:《韵律单元边界特征的声学语音学研究》,《语言文字应用》2003 年第 2 期。

张敏:《认知语言学与汉语名词短语》,中国社会科学出版社 1998 年版。

作者工作单位：朱　磊　安徽大学文学院
　　　　　　　　许凯凯　上海师范大学人文学院

主观评述义构式
"大小是个NP"研究*

董小雅

摘　要　"大小是个NP"是现代汉语中经常使用的构式,表示说话人对事件的认可或肯定性评价,且构式具有较强的主观性。本文以构式语法理论为基础,对构式的构件、句法语义、语用功能等方面进行分析研究,"大小是个NP"构式形成与认知隐喻、焦点居尾原则以及构式的重新分析有关。

关键词　构式语法;"大小是个NP";量级表述;认知隐喻;重新分析

一、引言

"大小是个NP"是现代汉语常见的表达方式。例如:

(1)为这四爷还跟她争竞过,先跟那些老娘们儿对付着多好,<u>大小是个干部</u>,他们老王家还从没出过一个干部呐。(魏润身《挠攘》)

(2)兄弟虽然作了一任道台,我是军功出身,<u>大小是个翻译生员</u>。(蔡友梅《过新年》)

(3)这么端庄,放以前<u>大小是个公主</u>。(CCL网络语料)

例句中"干部""翻译生员""公主"都是表示身份或地位的词语,且"大小"在句中做副词,说话人通过"大小是个NP"对人物身份进行判定。与直接使用判断句表达判定相比,构式的使用更突出了说话人的主观态度,且具有一定的评述意义。

关于构式,Goldberg（1995）将其定义为:"C是一个构式,当且仅当C是

---

*　基金项目:国家社科基金重点项目"基于量级理论的汉语构式研究及数据库建设"（24AYY004）。

个形式意义的配对〈Fi, Si〉,且C的形式(Fi)或意义(Si)的某些方面不能从C的构成成分或其他先前已有的构式中得到完全推测。"结合该定义,可以从两方面判断:首先,"大小是NP"是整体形式与意义的结合体;其次,构式由"大小""是""个""NP"四个构件组成,但构式整体又能表达出说话人的评价与强调义,具有较强的主观性,无法从构件的组合直接推测,具有不完全预测性。"大小是个NP"符合Goldberg对构式的定义,因此我们将"大小是NP"判定为构式。

未见有专文对"大小是个NP"进行研究。沈心逸(2023)曾对副词"大小"的句法、语义和语用进行分析研究,涉及了一些"大小是个NP"的例句,但仅局限于副词"大小",并未从整体探讨,也没有将其定义为构式。本文拟从构件分析、语用功能、构式的形成动因及机制几方面对构式"大小是个NP"进行描写和解释。本文语料主要来自CCL和BCC语料库,另有网络语料摘选自百度网、微博、微信公众号等。

二、"大小是个NP"构式分析

(一)常项"大小"分析

像"大小""反正"这样由两个意义相反语素复合而成的词,称之为"反素情态副词"(董正存,2005)。不少学者在研究反素情态副词也会提到副词"大小",肖箫(2011),李倩倩(2015),孙嘉铭、石定栩(2021),陈明旭(2023)等人从不同角度讨论了反素情态副词的类别、意义构成、篇章功能等,但在这些文章中"大小"所占篇幅有限,讨论的深度也不足。《现代汉语词典》(第7版)对"大小"解释为:"大小"做名词时,指大小的程度、辈分的高低、大人和小孩儿;"大小"做副词时,表示或大或小(多偏于小),表示还能算得上。

(4)越日又率楼船大小二千余艘,战士二万余名,四处搜捕余孽,斩获五千余人,岭南乃平。(蔡东藩《后汉演义》)

(5)常老:噢!台上没大小,你们拿我找哏,好哇,不是下台立规矩吗,回头下台以后我一人打你们十板子。(1961年《人民日报》)

（6）朕只欲其土地，此外并无他求。但卿等此去，蜀主势穷力竭，必定出降，卿等须要善待，并要将其家属，无论<u>大小</u>男女，一齐送入汴京。（许慕羲《宋代宫闱史》）

以上三条例句中"大小"都是名词。例（4）"大小"指船的程度大小，大船小船一共有两千余艘；例（5）"大小"指辈分高低；例（6）中"大小"指大人和小孩儿。

"大小"的副词用法经常出现在构式"大小是个NP"中，表示"或大或小"，且说话人主观偏向于"小"，具有一定的让步义。例如：

（7）小梅可坐在炕沿上，亲热地对他说："金龙，还是趁我姊夫在，把根儿蒂儿、枝儿叶儿，什么都跟他说了吧。我<u>大小也是个干部</u>，我保证你没事儿。"（1949年《人民日报》）

（8）吵了一会儿，墨非就自己乐起来，自己<u>大小也是个文化人</u>，虽然当个小记者琐琐碎碎没什么大出息，但总不至于连自己是男人还是公狗都闹不清楚。（陈染《无处告别》）

例（7）"大小也是个干部"其中副词"大小"表示不大不小、算得上是，结合"保你没事"，构式表达的是说话人对自己干部身份的肯定；例（8）中副词"大小"表示或大或小，结合"虽然"引导的让步小句，"大小也是个文化人"更偏向于小，有一定的自嘲意味，但说话人对自己文化人的身份仍是认同的。另外副词"大小"出现在构式中与说话人的主观性表达有一定关联，例句（7）（8）都表现出说话人的自我认同或肯定。

（二）常项"是""个"分析

构式"大小是个NP"中"是个"并不完全是固定搭配，"是"也可以由其他判断动词"算""算是""有"等代替，构式表达的评述义与判断动词密切相关，用其他判断动词代替后不影响构式意义的表达，如例（10）（11）。量词"个"在构式中也不是固定构件成分，可以换成其他修饰身份地位的量词，如"位""名"等，如例（9）（12）；量词前还可以补充上数词"一"，如例（9）（11）；还可以直接删去量词，说成"大小是NP"，如例（13）。例句如下：

（9）冒襄摇摇头："话可不能这等说，刘孔和<u>大小也是一位副总戎</u>，若以细故见害，王法何存？军心何安？"（刘斯奋《白门柳》）

（10）有自己的房子，还<u>大小算个艺术家</u>，笛儿吹得不错，又有这两个男人一天到晚屁颠颠地追踪着你，你要再觉得不幸，别人还没法活了！（王朔《无人喝彩》）

（11）"我的天，是随便拿吗？您有大商人的气魄！""好歹<u>大小也算是一个浙商</u>！"（BCC对话语料）

（12）他都办过好多场画展了，<u>大小也是名有影响力的画家</u>吧！（微博语料）

（13）不管怎么说，他<u>大小也是领导了</u>，咱们老百姓还真拿他没办法。（微博语料）

例句中构式"大小是个NP"与虚词"也"频繁共现，邓川林（2017）提出副词"也"的基本功能之一是将"焦点项置于语用量级的较低点，从而同其他较高量级成员形成对比"，结合"大小是个NP"构式能表达一定让步意义，因此也可以从量级级差的角度分析研究构式"大小（也）是个NP"表述的命题。如例（10）中"艺术家"与"别人（普通人）"，例（13）中"领导"与"老百姓"在身份地位上存在一定的等级差异，形成量级级差对比。

（三）变项"NP"分析

通过对语料的搜集与整理，构式"大小是个NP"中的变项"NP"主要为表示称谓的名词，也可以是普通名词。如例（14）"头面人物"是指人的名词，例（15）"节"是普通名词。从词的感情色彩来看，变项"NP"大多是表示褒义或中性色彩的名词，如例（14）（15），贬义词很少出现在构式中，如例（16）。从音节的角度看，"NP"的音节数量并不固定，以双音节为主，如例（16），可以是单音节名词例（15），也可以是多音节名词，例（14）。

（14）可他从来不去那种地方。那种地方，三教九流，黑道白道，什么人都有。自己在市里<u>大小也是个头面人物</u>，怎么好同他们混在一起呢？（谌容《梦中的河》）

（15）寻思明天<u>大小也是个节</u>，趁着打折买点东西吧。这可好，想买的东西太多，一着急忘了要买啥了，手忙脚乱的。（微博语料）

（16）汽车里另放一座小轿，是张大哥的发明。用彩汽车迎娶，已是公认为可

以行得通的事。不过,大姑娘一辈子没坐过花轿,大小是个缺点。(老舍《离婚》)

例(14)褒义词"头面人物"进入构式,表明说话人自己身份不凡,不屑于与三教九流的人混在一起,是对自己身份的正面肯定与强调;例(15)名词"节"代表节日,是中性名词,"大小是个节"表示说话人对命题的让步性肯定,结合上下语境,这里的"节"是"购物节",并不是传统节日,说话人对"明天是节日"这一命题勉强认同。例(16)中"NP"为贬义词"缺点",强调说话人的主观态度——大姑娘没坐过花轿是缺点。

通过对语料库符合条件例句的筛查,共得到142条"大小是个NP"语料,这些例句中的"NP"大都为褒义或中性词语,如高频出现的表示人物身份地位的"干部""领导""官(儿)"等,语料库中仅有4例由贬义词语充当"NP"的语料,分别是"缺点""负担""难题""灾难"。因此我们可以说"大小是个NP"中变项"NP"更倾向于选择褒义或中性的名词。这与构式义表达密切相关,"大小是个NP"是说话人对命题的评述,大多是表示说话人对自己身份地位的认同或肯定。"NP"出现在判断动词"是"之后,且判断动词后经常出现量词"个",受到构式压制的影响,构式整体限制了变项"NP"的准入条件,允许大多数表示身份地位的褒义名词进入构式,却很少会出现贬义名词。

本文将检索到的142条语料中出现的"NP"简要整理为下表:

表1　构式变项归纳及分类

褒义色彩	头(儿)、官(儿)、局长、干部、文化人、书记、人物、头面人物、杂志、格格、爷们、社长、带头人、厂长、老板、领导、一把手、角儿
中性色彩	机构、问题、意思、演员、公司、主编、节、掌柜、委员、性命、翻译生员、武器、现象、冠、买卖、单位、工作人员、纳税人、资本家
贬义色彩	缺点、负担、难题、灾难

(四)构式义

结合上文论述及例句分析,我们将"大小是个NP"构式义概括为:说话人对命题做出肯定判断或强调,具有较强的主观性,有时还能表达一定的让步意义。

(17)可自打参加了乐团,也大小是个演员了,渐渐地也注意自己的形象了,不是装的,言谈举止真的文明多了。(1996年《人民日报》)

（18）"何云再孬，<u>大小也算是个重庆居民</u>嘛！"（罗伟章《妻子与情人》）

（19）贵刊<u>大小也是个杂志</u>，不知贵刊原创是否也贯彻雷锋精神，任人剽窃转发？（微博语料）

例句（17）"大小是个演员"是对参加乐团之后身份地位转变的肯定与认同，其后"注意形象""言谈举止文明"又是进一步对"演员"身份转变的描述说明。例句（18）前一小句出现的"孬"是对何云的负面评价，"大小是个重庆居民"是对何云身份的勉强认同，"也算是"作谓语也是对"重庆居民"的弱势肯定，句末语气词"嘛"在表达命题理应如此的同时，也起到一定减弱语力的作用。例句（19）"大小是个杂志"是对刊物的让步性肯定，结合前后语境小句可知说话人并不认同该刊物的所作所为，为了使否定性意见表达更为明确，说话人先一步肯定"贵刊是杂志"，使得后半句否定表达更为彻底。

三、"大小是个NP"语用功能

（一）评价功能

评价是指作者或说话者对其谈到命题的态度、观点和情感。人们在说话时，不仅仅是对命题内容的陈述，同时也表达了一定的立场或态度。构式"大小是个NP"具有表达肯定性评价的语用功能，是说话人对命题表述的认同。例如：

（20）这回她抱不平道："耿工作员<u>大小是个下乡干部</u>，咋能出口就骂人家娃镢柄哩！"（张石山《镢柄韩宝山》

（21）"过去，<u>大小是个官儿</u>，多少有点儿官架子。"（刘绍棠《孤村》）

（22）"您<u>大小还是个知名主持人</u>呢，这要是普通百姓岂不更难？"

"是啊！不过我已经是前主持人了。"（BCC对话语料）

以上三例都出现在对话语境，表达说话人对命题对象的评述或身份认可。例句（20）先正面承认耿工作员是下乡干部的身份，后半句又对耿干部骂人的行为表示不满，说话人主观色彩突出；例句（21）说话人先陈述"大小是个官儿"，后又用"官架子"这一具有贬义色彩的词进行评价，说话人对官员摆官架子的现象进行批判；例句（22）"大小是个主持人"是说话人对受话人的身份评价,后一小句"普通百姓更难",在身份对比之下表明说话人对"知名主持人"身份的正向评价与肯定,凸显了说话人的主观态度。

(二)强调功能

"大小是个NP"还具有强调功能。根据强调方向的不同,可以将强调分为"正向强调"和"负向强调",朝"正值方向"的强调是"正向强调",反之朝"负值方向"的强调是"负向强调"。根据说话者是否在表述时造成转折对立,可以分为"顺接强调"和"逆接强调",未造成转折对立的是"顺接强调",反之则是"逆接强调"。(沈心逸,2023)"大小是个NP"是说话人对命题的肯定与强调,该构式的强调功能通常表达"正向强调"和"顺接强调"。

"大小是个NP"具有"正向强调"和"顺接强调"功能,例如:

（23）姚月琴脸红起来,她正在为着小手枪盘着心思。不缴公吧,<u>大小是个武器</u>,像黄达的打火机什么的小件头用品,可以不缴公,手枪也能打埋伏吗？（吴强《红日》）

（24）我<u>大小也是个干部</u>,我保证你没事儿。(1949年《人民日报》)

（25）老组长是原住民,本姓唐,<u>大小也是个官儿</u>,人们一直叫他唐组长。(2018年《人民日报》)

可以通过设置相关值和参考值的方法判断正向强调与负向强调。当相关值大于参考值时,说明其为正向强调,反之则为反向强调。例句(23)(24)(25)中说话人对"NP"是正向肯定与认可的,因此其相关值在参考值之上。分析如图1：

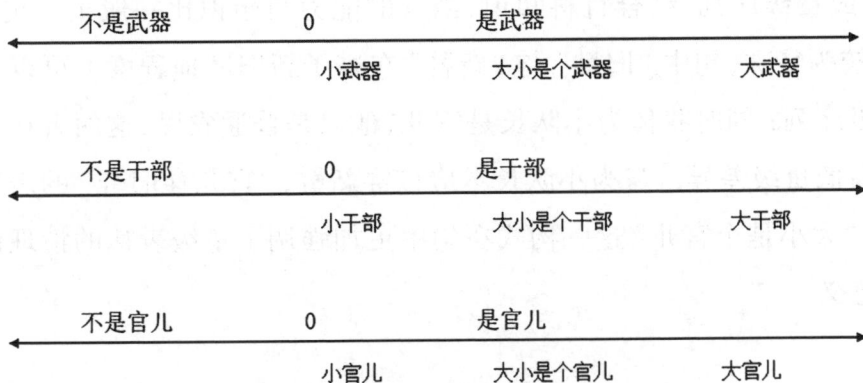

图1 "大小是个NP"正向强调示意图

例(23)与打火机相比小手枪是武器,但又比不上能打埋伏的大武器,"大小是个武器"表明姚月琴对手枪是武器表示认可,应位于参考值 0 点的右侧,且话语前后语义顺承,并未有转折对立;例句(24)(25)也是如此,说话人对命题做出肯定性陈述,且不存在语义上的对立。

(三)量级表述功能

"大小是个NP"在对人物身份做出评述的同时,还暗含着量级级差的表达。量级含义是基于语用量级(pragmatic scale)推理得出的特定会话含义。邓川林(2018)认为语用量级在狭义上由数量、程度、频率等典型的等级词项构成,在广义上由焦点标记和量级副词等语法手段实现,由交际双方的百科知识和语境信息构成。"大小是个NP"中的构式变项名词短语NP常与句中出现的其他名词短语构成等级序列,说话人在肯定命题成立时,还可以基于语境中的量级关系推出特定的言外之意。

(26)我大小是个政府官员,要见市长比你容易些。(刘慈欣《三体Ⅱ》)

(27)一般士兵似乎没这个胆子吧,估计大小是个官。(微博语料)

(28)我是小队长,大小是个官儿。我穿旧鞋,他就不能穿新鞋。(徐贵祥《历史的天空》

例句(26)"政府官员"与普通人在身份地位上存在等级差别,构成量级序列,"我"作为政府官员身份地位比作为普通人的"你"更高,因此见到市长的可能性更高;例句(27)"官"与"一般士兵"在军衔等级上也存在职位高低的差别,构成量级序列,结合百科知识,当官的能力与胆识比一般士兵更高;例句(28)较为特殊,句中"旧鞋"与"新鞋"在鞋子新旧磨损程度上可以看成是一对量级序列;同时我作为小队长是官儿,他只是普通农民,这两者在职位上也存在高低量级差异。身为小队长本应该穿新鞋,"官儿穿旧鞋"的表述情理值较低,"大小是个官儿"这一构式在句中更加强调了量级表达的情理值较低和让步意义。

四、"大小是个NP"形成动因与机制

（一）认知隐喻

隐喻是人类认识世界的基本认知能力。Lakoff & Johnson（1980）指出，隐喻的本质是用一件事或经验来理解另一件事或经验。沈家煊（1998）也提到，隐喻是用一个具体概念来理解一个抽象概念的认知方式，是从一个认知域到另一个认知域的投射。构式"大小是个NP"中的"大小"经历了由具体意义抽象到表示程度等概念的过程，其中认知隐喻发挥着重要作用。

"大""小"本身是形容词，对物体的空间大小进行描述。两个形容词初步合并共现时，只是词与词之间的紧密相邻，仍保留着各自原本的词义与词性，表示"大的或小的"。空间概念是其他概念产生的基础。由于"大小"本身具有对空间度量的语义基础，为其从认知域投射到情态域提供了基础。"大小"逐渐由具体的空间大小抽象为表示"程度的高低或大小"，此时的"大小"也由短语逐渐成词，具有一定的名词性质。另外说话者使用"大小"对事物进行度量与价值评价，往往带有较强的主观性。进而促进了"大小"的语义进一步虚化，在使用过程中逐渐从空间的认知域投射到了抽象的情态域，被重新分析为副词，此时"大小"已经基本固定成词，意为"或大或小，算的上是"，出现在"大小是个NP"构式之中。

（29）今天下无大小国，皆天之邑也。人无幼长贵贱，皆天之臣也。（春秋《墨子》）

（30）愚以为宫中之事，事无大小，悉以咨之，然后施行，必能裨补阙漏，有所广益。（六朝《三国志》）

（31）现在全村的二十九名党员分布在农工商各个摊点，有的农民说他们："大小是个头，个个能带头。"（1986年《人民日报》）

例句（29）"大小"仍保留了一定的形容词性，词义具体，出现在名词"国"之前，且前加否定词"无"表示"无论是大的土地或者小的土地"；例句（30）"事无大小"中"大小"后置于名词"事"，形容词性减弱，名词性较强，词义逐

渐抽象,表示"事情的大小程度"仍然需要前加"无"表示"无论大小"的意思;例句(31)"大小是个头"中"大小"的词义和词性进一步发展,可以单独表示"无论大小"的意义,与判断句结合构成"大小是个NP"构式,表达说话人的主观肯定态度。

（二）焦点居尾原则

各种语言结构产生的根本目的是作为话语传递信息。构式"大小是个NP"所要传达的信息主要是表达说话人对命题的主观评述,对"NP"的肯定,也就是说"NP"可以看成是构式的焦点,构式的形成受到了焦点居尾原则的影响。储泽祥(2001)认为,置于句末位置的句法成分容易充当注意焦点,暗示听话人要抓住这个焦点负载的信息。因为在对话中,句末位置距离听话人更近,更容易被记住。因此将焦点成分置于句末是汉语凸显焦点的常见句法手段,同时也是最省力、最自然的表达方式。(于赛男、李劲荣,2022)

(32)可大家说好歹他也是位副厂长,这年头,<u>大小是个官儿</u>,就比一伙儿平头百姓捆在一起有些分量。(梁晓声《疲惫的人》)

(33)按说,宅门里白使唤了咱们一年半载,到节了年了的,总该有个人心,给咱们哪怕是顿犒劳饭呢,也<u>大小是个意思</u>。(老舍《我这一辈子》)

例句(32)他作为副厂长是个官儿,要比百姓说话更有分量,句子重点强调的是他的身份地位不同;例句(33)说话人认为应该给工作了一年的仆人们犒劳,强调主家多少应该意思一下。两个例句的语义重点都落在了构式句尾的"官儿""意思"上。构式"大小是个NP"所强调的重点就是说话人对句末"NP"的态度,因此当说话人意在凸显对名词短语"NP"的认同时,结合焦点居尾原则,将其置于句末,形成"大小是个NP"结构。

（三）重新分析

彭睿(2020)提出,重新分析是创造新的语法结构的隐性过程,是指句子表层形式没有改变但底层结构却发生变化的现象。"大小是个NP"中"大小"的重新分析与构式形成及构式义的产生有着密切关联。"大小"最初是形容词,在句中作定语,直接修饰名词,如例句(34)中"大小"是形容词,修饰名词碗,指碗的容量大小。形容词"大小"衍生出名词用法,如例(35)"一家大小"指一家大大小小的人,"大小"在句中不再是形容词,直接指代人,具有部分名词的特性。构式"大小是个NP"中的"大小"后又重新分析为副词,修饰谓语"是个NP",意为"无论大小",如例句(36)。"大小"经历了重新分析的语法化历程,只有在分析为副词时,才能成为构式的一部分,因此对"大小"的重新分析对构式的形成发挥着极大的作用。

（34）比方真正南席,不见猪肉,一律<u>大小碗</u>都是海菜。（福岛安正《四声联珠》）

（35）他连回家的路费都筹不出来,而且回到家中就得一家<u>大小</u>张着嘴挨饿。（老舍《文博士》）

（36）这些我也会算,一看手相,是不是坐办公室自然一目了然了,我们是坐着小车来的,自然可以断定<u>大小是个领导</u>,所以这些我并不以为然。（CCL网络语料）

五、结语

本文从构件、句法语义、语用功能与形成机制层面对构式"大小是个NP"进行分析。构式中"大小"为副词,"是""个"可以替换或省略,变项构件"NP"多由表示身份地位的褒义名词充当;构式义可以归纳为:说话人对命题的主观肯定性评价;语用上构式具有量级功能、评价功能、强调功能。构式的形成与认知隐喻、焦点居尾原则以及重新分析相关。另外,现代汉语中还有"好歹是个NP""高低是个NP""多少是个NP"的类似表达,这些类似结构在表达上存在哪些的异同?反素情态副词与"是个NP"搭配有何限制或准入条件?这些问题还有待进一步的思考与分析。

参考文献

陈明旭:《汉语评注性反素副词研究》,吉林大学2023年硕士论文。

储泽祥:《"名+数量"语序与注意焦点》,《中国语文》2001年第5期。

邓川林:《副词"也"的量级含义研究》,《中国语文》2017年第6期。

邓川林:《副词"还"的语义——语用接口研究》,《世界汉语教学》2018年第4期。

董正存:《情态副词"反正"的用法及相关问题研究》,《语文研究》2008 年第 2 期。

李倩倩:《反素副词研究》,上海师范大学 2015 年硕士论文。

彭睿:《语法化理论的汉语视角》,北京大学出版社 2020 年版。

孙嘉铭、石定栩:《反素副词的意义构成与句法功能——以"早晚""大小""反正"为例》,《华文教学与研究》2021 年第 1 期。

沈家煊:《实词虚化的机制——〈演化而来的语法〉评介》,《当代语言学》1998 年第 3 期。

沈心逸:《副词"大小"的句法功能、语义及语用分析》,上海师范大学 2023 年硕士论文。

肖箫:《试析由反义语素构成的副词》,青海师范大学 2012 年硕士论文。

于赛男、李劲荣:《褒赞性构式"V+在+N_（地点）"的形成动因与机制》,《语文研究》2022 年第 2 期。

Goldberg, A. E.:*Construction: A Constructional Approaches to Arguments Structure Construction*,The University of Chicago Press,1995.

Lakoff, G. & Johnson, M.: *Metaphor We Live By*,The University of Chicago Press, 1980.

作者工作单位：安徽大学文学院

评注性副词"亏得"
的句法语义及词汇化*

罗 妍

摘 要 "亏得"通常被归入评注性副词。从语法方面来看,就句法分布来说,副词"亏得"存在句首、句中两种分布位置,大多用于条件复句中,其中副词"亏得"引导有利条件,从而得到有利结果;就语篇逻辑来说,存在正向推断、逆向推断、正反推断三种模式。从语义关系来看,副词"亏得"通常表现出感谢义、侥幸义、讽刺义、感慨义。从语用方面来看,副词"亏得"具有强化焦点、交互主观性表达、反预期标记等用法。最后从历时角度简要说明了副词"亏得"的词汇化过程。

关键词 评注性副词;"亏得";焦点;交互主观性;反预期

"亏得"在现代汉语中有多种用法,如:

(1)可是,老九,你知道我做公债亏得一塌糊涂,差不多两手空空了,还短五六千。(茅盾《子夜》)

(2)豆儿说:"亏得你的勇气,也亏得他们的勇气。"(方方《白雾》)

(3)亏得"电视"没普遍利用,否则更不得了,你在澡盆里、被窝里都有人来窥看了。(钱锺书《围城》)

例(1)中的"亏得"属于短语,是动词"亏"加上结构助词"得"形成,后接补语,用来表示亏损的程度。例(2)中的"亏得"后接名词性宾语,属于动词用法,基本词义约等于"多亏了"。例(3)中的"亏得"是副词,用来修饰小句。

学界对于副词"亏得"的研究不多,大多集中在"幸亏"类副词之间的对

* 基金项目:国家社科基金一般项目"三音节固化词语的词汇化、语法化和构式化研究"(17BYY162)。

比研究，探究"亏"类副词的发展演变，考察它们的用法差异，如方红（2004）、丁杰（2007）、赵静芳（2012），但是对"亏得"的描写往往比较简略，一笔带过。袁毓林（2018）在探究"亏"类副词是如何从礼貌表达变为充分必要条件副词时提到了"亏得"的词汇化进程以及意义的演变，但主要是从历时层面研究脉络，较少涉及共时层面的"亏得"用法，所以仍需进一步对副词"亏得"展开研究。

本文利用北京大学 CCL 语料库，对"亏得"的副词用法进行详尽分析，从共时和历时两个角度出发，希望能够进一步深化对副词"亏得"的认识。

一、副词"亏得"的语法分析

对于"亏得"的词性，不同的辞书对其定义各不相同。《现代汉语词典》（第 7 版）将其定义为动词，认为"亏得"作为词有两个义项：多亏；反说，表示讥讽。《现代汉语八百词》（增订本）将其看作副词，同样有两个义项：幸亏、多亏；反说表示不满。《汉语虚词词典》认为"亏得"能够用"幸亏"来解释。袁毓林（2018）认为当"亏得"后面是动词性成分和主谓成分时，率先虚化为际遇副词。本文所研究的对象便是副词"亏得"。

（一）副词"亏得"的句内分布

张谊生（2000）认为评注性副词是表示说话人主观评价和态度的，在不同位置能够在不同程度上对句子进行全幅评注或半幅评注。副词"亏得"在句中常用作状语，有多种句法分布。可以用在句首、句中，没有用在句尾的用法。

1. 用在句首

副词"亏得"最常见的用法是用在主语前作高层状语，管辖整个小句，表达对整个事件的看法，强调对最终结果产生的影响。如：

（4）亏得窦洛殿常帮助她，两人情投意合，请了请客，就算是夫妇了。（雪克《战斗的青春》）

（5）亏得张昭、周瑜两人一心一意帮助孙权，才把局面稳定下来。（《中华上下五千年》）

例(4)是"窦洛殿常帮助她"这一事件的经常发生,才使得后文的"两人情投意合"得以实现,因此是对前一小句事件的庆幸。例(5)里也正是有"张昭、周瑜两人一心一意帮助孙权",才能有"局面稳定"的结果,前一小句是后一小句实现的前提,突出了"张昭和周瑜两人忠心为孙权"这一条件的重要性。

2. 用在句中

副词"亏得"用在句中较不常见。用在主语后,作饰谓状语修饰谓语,管辖小句的述语部分。如:

(6)可画儿自小就乖,好懂事的……这些年你不在家,我还<u>亏得</u>有个画儿……"(琼瑶《水云间》)

(7)你<u>亏得</u>在单位打,你要是在家打,那不是浪费电话费吗?(六六《蜗居》)

"亏得"修饰谓语,强调的重点是谓语部分,说明"有画儿"这一事实对于主体"我"的重要性,是突出的前景。例(7)"亏得"修饰"在单位打","在单位打"和"在家打"产生的电话费有多少之别,突出对比。从而凸显出对于"在单位打电话"的庆幸。

(二)副词"亏得"的语篇逻辑

副词"亏得"大多情况下出现在复句里,较少出现在单句中。副词"亏得"如若出现在单句中,往往隐含了产生的结果,这一结果是说话人和听话人都知道或者能够通过语境推理得出的,语气较为强烈。张谊生(1996)认为副词"亏得"的主要篇章功能是表有利条件,用于条件复句中。表示由于出现了某种有利的前提条件,使得本来很有可能发生的不如意或不希望发生的后果得以侥幸避免了。副词"亏得"通常和一些副词共现,构成不同的逻辑关系。

1. 顺向推断式

"顺向推断式"是指前一小句和后一小句是顺接关系,前一小句的条件造成后一小句的结果。"亏得"的基本语义是表示庆幸,也就是说由于某一有利条件,往往是获得了好的结果或者是避免了坏的结果。当后一小句指的是积极的情况,通常和副词"才"共现,体现的是一种必要条件关系,强调前一条件的不可缺少。

（8）**亏得**国家体委给各代表团增加了田径选手机动名额，她才搭上了进京的"末班车"。（1993年《人民日报》）

（9）后来她险些又挨上一次伏击，**亏得**那天带了几个队员没走老路，才算没遇险。（雪克《战斗的青春》）

例（8）正因为"国家体委增加田径选手名额"这一对于田径运动员的有利条件，"她"才得以"进京"，换言之，她能够进京，是以"国家体委增加田径选手名额"这一条件的实现作为前提。例（9）"没走老路"是"没遇险"的条件，勉强能用"只有……才……"来替换，"只有没带几个队员走老路，才能没遇险"。

2．逆向推断式

"逆向推断式"是指除非有"亏得"引导的条件从句，否则就会得到不好的结果。副词"亏得"引导的小句仍然是有利条件，但主句却是不利结果，通常和副词"否则""不然"等共现，用来强调"亏得"后引导的有利条件的重要性和必要性。

（10）也**亏得**爷爷赌运不佳，否则"社教"时我家不是地主便是富农，一辈子抬不起头。（陆步轩《屠夫看世界》）

（11）**亏得**我睡得死，不然惊觉，必赤膊上阵，与窃贼打斗。（陆步轩《屠夫看世界》）

例（10）"爷爷赌运不佳"在"我"看来是有利的，如果"爷爷赌运佳"的话，那么后一小句的消极结果"我家变成地主或富农，一辈子抬不起头"便会实现。将不愿意见到的不利条件摆在面前，更加突出了"亏得"后面有利条件的重要性，强化了副词"亏得"的庆幸语义。同样，例（11）如果"我"没有"睡得死"，那么便会"赤膊上阵，与窃贼打斗"，从而发生"我"不愿意看到的后果。

3．正反推断式

正反推断式存在三个小句。第一个小句用"亏得"引导条件，第二个小句表示这一条件能够带来的好的结果,第三个小句表示如果没有这一有利条件,将产生的不利后果,把所有可能性摆在字面上,从而起到强调条件的作用。

(12)亏得还有几篇文章列入"唐宋八大家",著书没烧掉,否则连名声也传不下来,后世无从平反了。(1989年《读书》)

例(12)"几篇文章列入'唐宋八大家'"是条件,所以造成了"著书没烧掉"这样一个好的结果,如果没有先前的条件,那么"名声也传不下来"便是大家都不愿意看到的结果。

正反推断式在语料中较少,仅有当说话人极言条件的不可缺少时,才会用正反推断式加以强调。

二、副词"亏得"的语义功能

(一)表示感谢义

感谢义是副词"亏得"的基本含义之一。据丁杰(2007)的研究,副词"亏得"是"亏"在双音节趋势的影响下加上词尾"得"复合而成。因此"亏得"的意义离不开"亏"的意义。

"亏"较早的意义是"使某人或某物亏损"。动作"亏"涉及"施恩者"和"受益者"两个主体。施恩者的亏损伴随着受益者的获利,在这种语用推论下,"亏"后再接表人名词时,会被重新分析,从施恩者视角转移到受益者视角,从而演化出"全靠、依仗"的意义,自然流露出感谢义,这一义项也被复合词"亏得"所继承。如:

(13)春节刚过,我就急切地要上老爷岭。亏得某通信总站大力相助,使我这一愿望得以实现。(1995年《人民日报》)

(14)亏得昌德慌而不乱,又理解亚若的心,很快将乱麻一团理顺。(1993年《作家文摘》)

例(13)说话人因为"某通信总站大力相助",才实现了"上老爷岭"的愿望,因此表达的是对通信总站的感谢。例(14)据前文可知亚若生病,所以大家都很无措,这时昌德的出现抚慰了众人的心,把事情安排得井井有条,从侧面凸显出昌德的重要性,表达对昌德的感恩。

(二)表示侥幸义

通常来说,"亏得"的感激义和侥幸义密不可分。"亏得"往往指某个条件的出现,给某件消极的事情带来转机,可以反推,如果没有具备某种条件,那么自然而然地也无法避免坏的结果,由此可以看出这一条件的来之不易。难以具备的条件一旦达到,便容易让人产生庆幸这一感受。同时,能够拥有某个有利条件使得自己获益,本身就是一件值得感到幸运并且可遇不可求的事情,如:

(15)亏得农民入股办了个股份制"银行",要不,建那么多大棚根本不可能。(1994年《报刊精选》)

(16)这给我们带来很大麻烦,原定的一些拍摄和采访项目无法进行。亏得意大利人临场应变,给我们增加了不少临时采访项目。(2000年《人民日报》)

例(15)如果当初"农民"并未入股办"银行",那么就无法"建那么多大棚",而这一后果是农民无法承受的,由此更加表现出办银行的幸运,有一种"劫后余生"之感。例(16)原本拍摄和采访遇到了困境,而此时我们没有想到的意大利人的临场应变给了我们解决困境的机会,遇到障碍是突发性的,同样"意大利人的临场应变"也是难以提前预料的,突出了解决困难的幸运。

(三)表示讽刺义

副词"亏得"表示不满的用法比较特殊。表不满义的用法应该由表侥幸义的用法发展而来。副词"亏得"的固有表庆幸义使得对象对现有情况产生好的猜想,但现实情况却与预期不符,从而产生巨大落差,两相对比,便产生了表示讽刺义这一功能。

(17)亏得我在乡间住了十几年,还不曾听过这常识。(王金发《在玄武湖畔》)

(18)你真是的,那个方晶是什么层次啊,亏得你还能想到她身上去,真是抬举她了。(1996年《作家文摘》)

例(17)在一个地方住了十几年,理应对当地的民俗常识有一定的了解,所以当需要对"乡间"的常识做出反应时,在"乡间住了十几年"应该是一个有利条件,所以应该感到幸运。但是与预期不相符的是,"我"并没有听过这一有关"乡间"的常识,从"庆幸"到"失望",巨大的反差在对比中生发出"讽刺""不满"的意味。同样,例(18)说话人提前为听话人能够想到一个符合条件的人感到庆幸,又因为对说话人想到的对象名不副实感到失望,两相对比,便产生"反讽"的情绪。

(四)表示感慨义

副词"亏得"表示感慨的这一用法不常见,表示某件难以做到的事件却被别人做到了,可以用副词"难得"替换。

(19)我正诧异,他才缓缓十分动情地说,良铮(即穆旦)是个人才,受了这么多年冤屈,亏得你们还想到他。(2000年《人民日报》)

(20)"本来打牌太费精神,亏得你还打了十二圈。"(巴金《家》)

例(19)的对话背景是听话人在北京举办"穆旦学术研讨会",而在当时穆旦蒙冤而亡,纵使有才,一般人也很难想起他,所以在对话过程中说话人用"亏得"来表现这份重视的来之不易。例(20)上一小句也已经交代"打牌太费精神",所以当知道听话者"打了十二圈"之后,既是一种惊讶,也是一种感慨,超出了说话者的想象。

三、副词"亏得"的语用功能

(一)强化焦点

一般来说,焦点指的是说话人最想强调的,也是说话人最想听话人接收到的新信息。也就是说,焦点后面引导的成分不仅是最重要的,而且是说话人最先预想的听话人所不知道的信息。我们已知副词"亏得"后所引导的是形成好的结果的必要条件,而这一结果直接影响说话人或者说话人话语中的对象,这一必要条件可能是听话人所不了解的或者是不以为然的,所以说话人就运用"亏得"标记焦点,引起对面说话人的注意,达到强调的目的。而且就语音韵律方面来说,"亏得"在句中往往是重音所在,在语音方面即得到强调。如:

（21）太太笑道："亏得你有我这么个好老婆,总往好里劝你。"（李可《杜拉拉升职记》）

（22）自庆幸亏得这老丐抢先出来,否则自己未加深思,径自直言,势必要惹起重大麻烦。（金庸《神雕侠侣》）

从例（21）可知,说话人和听话人是夫妻关系,说话人妻子对听话人丈夫说"亏得你有我这么个好老婆"一方面是为了丈夫着想,但是更重要的功能是为了强调妻子自己的重要性,强调自己对丈夫的帮助,而这一方面说话人怕听话人无法领会,于是直接用"亏得"点出,用"亏得"的侥幸义来达到交际目的。例（22）中"亏得"强化焦点的功能更加突出,"亏得"和"否则"共现,"否则"后面的情形"自己"并不愿意看到,而如果没有"亏得"后面情况的发生,那么消极的情况也会成真,两相对比之下,自然有利条件得以凸显。

（二）交互主观性表达

话语是用来传情的,表达自己的情感态度是说话的目的。沈家煊（2001）指出,语言存在"主观性",即说话人在说出一段话的同时表明自己对这段话的立场、态度和感情,从而在话语中留下自我的印记。而为了突出这种主观性,语言也会采用特定的结构形式来表达。交互主观性则是将听话人纳入了考察的范围,体现出说话人对听话人的认同和关注,注重两者的互动。Verhagen认为,语言不仅仅是用来交流信息的工具,而在根本上涉及对彼此所持的视点内容加以连通、分化和调整。丁健（2019）认为,言语交际的最终目的是影响对方的思想、态度或引起某个行为,因此必须通过认知协作来沟通概念化主体的心理空间,以达到对特定概念化客体的识解平衡。也就是说语言的作用更多的是说话人引导听话人就某一客体的态度达成一致,而非仅仅是对客体的客观描述。

（23a）大弟一车一车地拉,拉到后来上眼皮儿没命往下坠,板车的栏板没关好,把黄沙和石灰洒在巷子里,亏得巷子里的人尊重汪百龄,才没有作违反公约的罚款处理。（陆文夫《清高》）

（23b）大弟一车一车地拉,拉到后来上眼皮儿没命往下坠,板车的栏板没关好,把黄沙和石灰撒在巷子里,巷子里的人尊重汪百龄,才没有作违反公约的罚款处理。

例(23a)"巷子里的人尊重汪百龄"是"没有作违反公约的罚款处理"的条件,不可缺少,"亏得"便强调了拥有这一条件的幸运,如若把"亏得"删去,如例(23b),句子仍然成立,但是原本具有的侥幸义、紧张感却消失不见,只是陈述客观事实,而并未掺杂人的情感。"亏得"不仅能够传达侥幸义,而且还能构建一个与现实相对立的心理空间,从而更加突出得到有利条件的幸运。"亏得巷子里的人尊重汪百龄"其实暗含了一个情境,即"巷子里的人不尊重汪百龄"。按照社会共识进行推理,不尊重一个人绝对不会不作罚款处理,对比间说话人想要传达的庆幸义则更加明晰。

(三)反预期

反预期和预期相对。吴福祥(2004)认为预期是一种与人的认识、观念相联系的抽象世界,通常与一定的社会常规、言谈事件中说听双方的知识状态以及特定的话语语境密切相关,反预期信息指的是与某个特定预期相反的话语信息。人们在传递信息之前,对谈论的对象有一定的认识,并基于社会规则和个人认识产生一定的预期,如果对象与预期相背离,就会产生反预期的表达效果。副词"亏得"的反预期用法主要体现在"反讽"意义上。如:

(24)咫尺之外,以"龙宫"来煞龙门的风景,真亏得有关部门和人员能想得出。不远万里来谒龙门的人,也难免同时掏钱吃这碟好菜,自当上一笔附加税。(《读书》)

"有关部门和人员能够想出好办法造福人民"是会话发生的前提。说话人事先做出了"既然有关部门和人员能够造福人民,那么想出的办法都是好办法"这样一个假设,并基于这样一个预期展开对话,但是事实却背离了这一预期,所以是反说话人预期。另一方面,正是社会常识使得说话人能够做出这样的假设,所以也可以说是"反社会预期"。当然,反预期用法与语境密切相关,如若现实情况与预期相符或更好,则体现侥幸义。

四、"亏得"的词汇化历程

双音节词"亏得"最早出现在宋代,如例(25),译为"按照当时的承诺,真挚坦诚,怎么会让你吃亏呢?"这时的"亏得"是动词用法,宾语省略,由前文语境可以推出,由此可以看出这时"亏得"的主要含义是"亏损"义。元朝时,动词"亏得"展现出感谢、庆幸义用法,如例(26)、例(27)。这时"亏得"不仅语义上产生了新变化,而且产生了副词用法,能够修饰整个小句,作高层状语。如例(28),"亏得"修饰的对象是"程普、黄盖、韩当三将死救得脱",对整个情况做出自己的评断,表达说话人的庆幸之意。

(25)据恁当初,真心实意,如何亏得。(南宋《全宋词》)。

(26)他是汉人,在辽东城里住,我一路上,多亏得他帮助。(元《老乞大新释》)

(27)又道:"老身今年五十二岁了,夜间常痴性发作,打熬不过。亏得你少年老成!"(元《蒋兴哥重会珍珠衫》)

(28)却说孙坚被刘表围住,亏得程普、黄盖、韩当三将死救得脱,折兵大半,夺路引兵回江东。(明《三国演义》)

据袁毓林(2019)的研究,单音节"亏"在南宋时期已完成了从表"亏损"义到表"依仗"义的转变,而双音节"亏得"同样也是经历了这两个义项的转变,演变途径一致,因此合理推断,"亏得"是在双音节化的趋势下由"亏"用"得"来补足音节而形成的。而动词"亏得"向副词"亏得"的转变则是以例(26)这类句子的产生为契机。动词"亏得"用来修饰名词性短语,而副词亏得常用来修饰完整的主谓结构,当"亏得"修饰的成分具有切分两可的条件时,如例(26),"亏得"修饰的成分"他帮助"既可以切分为定中结构省略结构助词"的"形成,也可以看成是主谓结构,那么向副词的重新分析便有了产生条件。总而言之,副词"亏得"可以看作单音节"亏"因为双音化趋势补足"得"而形成。

五、结语

本文以副词"亏得"作为研究对象,分别从共时层面的句法、语义、语用三个角度以及历时层面的词汇化历程对其展开分析。可以发现,副词"亏得"表示"因为某些条件,从而产生好的结果或者避免坏的结果",主要从说话人的角度出发,表现说话人的内心情感,达到主观交互的作用,更好促进交流沟通。同时发现动词"亏"在双音节化趋势下形成动词"亏得",然后在特定条件下经过重新分析,最终形成了"亏得"的副词用法。

参考文献

丁健:《语言的"交互主观性"——内涵、类型与假说》,《当代语言学》2019 年第 3 期。

丁杰:《现代汉语"幸亏"类语气副词研究》,河南大学 2007 年硕士论文。

方红:《"侥幸"类语气副词研究》,上海师范大学 2004 年硕士论文。

吕叔湘主编:《现代汉语八百词》(增订本),商务印书馆 1999 年版。

唐启运、周日健主编:《汉语虚词词典》,广东人民出版社 1989 年版。

沈家煊:《语言的"主观性"和"主观化"》,《外语教学与研究》2001 年第 4 期。

吴福祥:《试说"X 不比 Y·Z"的语用功能》,《中国语文》2004 年第 3 期。

袁毓林:《从礼貌表达到充分必要条件副词——"亏"类词幸好与充要条件意义的来源和演变》,《语言学论丛》2019 年第 2 期。

张谊生:《副词的篇章连接功能》,《语言研究》1996 年第 1 期。

张谊生:《现代汉语副词的性质、范围与分类》,《语言研究》2000 年第 1 期。

赵静芳:《"幸亏"类副词功能差异及演变研究》,江西师范大学 2013 年硕士论文。

作者工作单位:安徽大学文学院

人工智能背景下口语词汇的机器翻译
与对外汉语教学研究

童小珂

摘　要　当前人工智能迅速发展,为口语词汇的推广与普及提供了前所未有的机遇,有效满足了学习者在汉语表达的准确性、流畅性、地道性等方面日益增长的需求。本文旨在探讨机器翻译在口语词汇领域中的应用,具体涵盖以下几个方面:口语词汇机器翻译的语境协调;口语词汇机器翻译的语用效果;口语词汇机器翻译与对外汉语教学。通过机器翻译不同类型的口语词汇,能够加深学习者对汉语语言和文化知识的理解,显著提升对外汉语教学的效率,推动相关语言或语言教学理论与方法的研究,为汉语口语词汇的传播与教学提供有益的参考和借鉴。

关键词　人工智能;口语词汇;翻译;对外汉语

　　人工智能(Artificial Intelligence, AI)作为 21 世纪最具变革性的技术之一,旨在使机器具备或超越人类的智能水平,能够执行通常需要人类智能才能完成的任务,如理解语言、识别图像、解决问题、学习新知识以及做出决策等。在机器翻译、人机对话、情感分析等研究领域中,口语词汇的语言理解与生成既是重点也是难点。口语词汇是指在长期口头交际中约定俗成的词汇或短语,是词汇学理论对其的意义色彩做出的分类。[①]其主要包含了词、成语、惯用语、词语串等成分。[②]口语词汇虽与书面词交叉、融合与转化,但主要应用于非正

---

① 苏新春、顾江萍:《确定"口语词"的难点与对策——对〈现汉〉取消"口"标注的思考》,《辞书研究》2004 年第 2 期,第 36—44 页。

② 宋婧婧:《汉语书面语词和口语词的交叉、融合与转化》,《长江大学学报(社会科学版)》2012 年第 11 期,第 80—81 页。

式的场合①,具有共时性、随意性(非正式)、通俗性等特点。口语词汇在汉语词汇系统中占据了不可忽视的比重,不仅数量庞大,而且使用频率极高。在人们的日常生活中,口语词汇的常用性更是无可替代,承载着丰富的文化内涵和民族记忆。

口语词汇中双音节词占优势,多音节词也占有很大比重②,随着20世纪80年代Canale和Swain(1980)提出交际能力理论之后,语言交际能力逐渐成为对外汉语教学的重点之一,但口语词汇作为交际能力中词语教学的重要组成部分,长久以来未得到相应的关注,在对外汉语研究领域也缺乏深度、广度。③汉语口语词汇不仅对外国学习者来说较难理解,而且在HSK考试中也已经出现。21世纪以来,互联网、大数据、人工智能等高科技迅速发展,为对外汉语教学带来了革命性的变化,提供了新活力。本文选用的"文心一言"以其高度智能化和跨文化处理能力著称;"微软"翻译则依托其广泛覆盖的语言范围及多样化的翻译应用形式,深受用户群体的青睐;而"Deepl"则以其翻译结果的极高精准度与翻译过程的高效性,展现其独特的技术优势。我们通过对比三者翻译结果,分析机器翻译处理口语词汇的准确程度。

一、口语词汇机器翻译的语境协调

1.口语词汇依赖上下文语境

汉语中单音词的大量存在导致同音现象频发,这在口语交流中可能会引发理解上的困扰。④在交际过程中,上下文语境扮演了重要的角色,口语词汇具有良好的适应性和灵活性。口语词汇在上下文语境中不仅仅需要注意单个

① 刘艺:《口语词语的界定及〈现代汉语词典〉(第5版)口语词语的量化分析》,《汉语学习》2010年第1期,第105—109页。
② 谢智香:《论现代汉语口语词的特点》,《西南石油大学学报(社会科学版)》,2011年第3期,第15—16页、119—122页。
③ 宋婧婧:《现代汉语口语词的研究与教学——李如龙先生的相关探索与启示》,《嘉应学院学报》2024年第4期,第62—67页。
④ 申小龙:《汉字的特点及其归宿》,《汉语学习》1987年第1期,第21—24页。

词汇的含义,还需关注文本内部的其他语言符号和它们之间的相互关系,作用范围主要局限于文本内部,在口语交流中帮助听话者理解说话者的真实意图,以避免误解和歧义。上下文语境具有一定的动态性,随着交际双方的深入交流,旧的信息会被逐渐淘汰,翻译时就需要能随时根据上下文语境的变化调整翻译策略,确保翻译的合理、流畅。以沈建华 2003 年编《汉语口语习惯用语教程》中的口语词汇为例(以下语例皆出自该书)。

"你呀,一发工资就手痒痒,在家闲不住。""手痒痒"释为:"The literal meaning is that hands itch, but in fact it means someone is eager to do something(with his/her hands)." 书中从两个方面解释这一口语词汇的含义,即表面意义是指手痒,深层意义是指某人渴望做某事。根据上下文语境,深层含义更为接近这一口语词汇所表达的意思。这种口语词汇具有灵活性、即兴性的特征,需借助上下文语境进行解释。机器翻译时是否也遵循这一规律? 微软翻译"手痒痒"为"hands are itching"; Deepl 翻译为"get itchy hands"; 文心一言翻译为"feel the urge"。不难发现,机器翻译"手痒痒"一词时,前两个翻译了字面含义"手痒",最后一种翻译了深层含义"渴望",根据上下文语境,深层含义才是最佳选择。

"我现在干什么都打不起精神来,考得那么差,拖了全班的后腿,在同学和老师面前老觉得抬不起头来。""打不起精神来"释为:"Not in high spirits, or depressed, and without interest in anything." 机器翻译中,文心一言翻译为"can't seem to muster any enthusiasm"; 微软翻译为"can't do anything"; Deepl 翻译为"can't muster any energy"。比较发现,在翻译"打不起精神来"这一口语词汇时,文心一言的翻译直接关联到精神层面的疲惫和缺乏动力,更为贴近当时的"考得那么差,拖了全班的后腿,在同学和老师面前老觉得抬不起头来"这样的上下文语境。而微软翻译更为极端,适用于描述一种几乎完全无法行动的状态。Deepl 的翻译更侧重于描述身体和精神的双重疲惫。

这样依赖于上下文语境的口语词汇翻译还有很多,如:"昨天我妈还骂我没心没肺、没有出息呢,老师也老说我是小聪明,不知道用功。""没心没肺"释为:"The literal meaning is someone has no heart and lung. Actually, it means someone is not very calculating, a little gullible or empty-headed. It is a derogatory term." 机器翻译中，三种翻译器均翻译为"heartless"。这一翻译可应用于两种语境中，一种是指"无心的"，另一种指"没心眼儿的"，结合上下文，使用后者更为贴切和准确。"你这个人呀，往好里说是认真，往坏里说就是爱*钻牛角尖*。""钻牛角尖"释为："Literally, '钻' means 'try to get into' and '牛角尖' is the tip of a horn. Actually '钻牛角尖' means someone cares only about an insignificant or insoluble problem." 机器翻译中，文心一言翻译为"fixated on trivial matters"；微软翻译为"drill the horns"；Deepl 翻译为"a stickler for details"。文心一言的翻译在过分关注琐碎问题方面与上下文的语境有相似之处，但"fixated"可能带有更强的负面色彩；微软的翻译则是一个不准确的翻译，无法传达原口语词汇的含义；Deepl 的翻译则强调对细节的严格追求，与上下文中"往坏里说"方向不同。"你别开玩笑了，*八字还没一撇呢*。""八字还没一撇"释为："The literal meaning is 'not even the first stroke of the character "八" is in sight'; the real meaning is 'there is not even the slightest sign of anything happening yet.'" 机器翻译中，文心一言翻译为"nothing has been decided yet"；微软翻译为"haven't written a word yet"；Deepl 翻译为"nothing has even started yet"。文心一言的翻译侧重于事情的结果或决策层面，暗示尽管可能有一些活动或讨论，但还没有达成任何结论或决定。微软的翻译非常字面，侧重的是与书写有关的活动。Deepl 的翻译不仅保留了原句的字面意思，也传达了更深层含义，与上文中"别开玩笑"的语境相符合。

当口语词汇依赖上下文语境时，一些机器翻译不懂变通，过于注重字面意义的翻译，导致翻译偏离真实意图，而有些机器翻译能较好地捕捉语境信息，符合上下文语境的动态特征，能较好满足汉语口语词汇的含义表达。机器翻译这类口语词汇时，需要不断提升对上下文语境的识别和应用能力，以更好地适应现代化汉语口语词汇的教学与学习。此外，学界也需要加强对汉语口语词汇和上下文动态语境的相关研究，为机器翻译提供更加丰富的语言资源和理论支持。

2.口语词汇依附社会语境

社会语境主要关注文本外部的社会文化背景和情境因素，作用范围相对较广。使用环境的多样性与广泛性是词汇流通状况的主要表现形式之一,词汇的流通状况是指一个词汇在社会、百姓中的使用情况。机器在翻译依附社会语境的口语词汇时,关键在于聚焦口语词汇的流通状况,协调其社会语境,考虑多样的使用环境,既贴近日常口语,也注重描述当前或特定情境下的状态。

"<u>你看你</u>,左一件,右一件的,咱们家都能开时装店了。""你看你"释为:"It is used in conversation only and it indicates the speaker's dissatisfaction or criticism." 三种机器翻译均翻译为"Look at you",这一翻译并不能用于表示一种轻微的责备、不满或批判的语境,无法准确传达口语词汇依附的社会语境。"<u>亏</u>你还是个男子汉!为芝麻大点儿的事儿至于这样吗?""亏"在书中解释为:"It is used in dialogue only, indicating the speaker's dissatisfaction or criticism in a mocking tone." 机器翻译中,文心一言翻译为"How";微软翻译为"still";Deepl翻译为"If"。文心一言的翻译通常用于提问,或者表示惊讶、不解等情绪;微软的翻译常用于表示某种状态或行为的持续,或者强调某种出乎意料的情况;Deepl的翻译常用于引导条件句或表示假设。这几种翻译均没有直接传达出该口语词汇所蕴含的嘲讽不满并且只能用在对话中的含义,在社会语境的表达上存在一定不足。

"<u>可也是</u>,一口气丢了三辆自行车,谁不生气呀?""可也是"释为:"It is used in dialogue only, indicating that the speaker agrees with other's words or action which is different from his/hers." 机器翻译中,文心一言翻译为"Indeed",微软和Deepl均翻译为"But also"。前一种翻译表示对所述内容的强烈肯定或赞同,并未很好解释该口语词汇中包含的转折和无奈。后一种虽然包含了一定的转折意义,但"also"这一翻译使说话时更多强调两种情况的并存,并未体现与该口语词汇依赖的社会语境,即尽管与他自己的观点或行为不同,说话者也同意别人的话语或行为。

"不知怎么的,我的脑子一到<u>节骨眼儿</u>就跟木头似的。""节骨眼儿"释为:"Vital or critical time." 用于文学创作中,表示故事的高潮或转折点;用于相声艺术中,指包袱各种技巧的交错混合使用;也可用于日常生活与工作中,形容某个关键时刻或重要环节。机器翻译中,文心一言翻译为"at the crucial moment";微软翻译为"at the end of the day";Deepl意译为"most"。分析可知:文心一言的翻译强调了时间的关键性,多用于具体的时刻;微软翻译的则更多用于总结性的表达;Deepl翻译采用意译的表达,需要结合整个语境进行理解。

这样依附于社会语境的口语词汇翻译还有很多,如:"那些小偷啊,真<u>不是东西</u>!""不是东西"释为:"It is used to curse someone or swear at someone."机器翻译中,文心一言翻译为"be something else",微软翻译为"be not things",Deepl翻译为"what a bunch of scoundrels"。"哎,经理为了那份合同急得<u>热锅上的蚂蚁</u>似的,昨天不知道为什么冲王秘书又发了一通脾气,让王秘书特别下不来台。""热锅上的蚂蚁"释为:"Be on pins and needles. It is used to describe one as anxious or frantic."机器翻译中,文心一言翻译为"a cat on a hot tin roof",微软翻译为"an ant on the pot",Deepl翻译为"a hot potato"。"不过,他们家那位<u>半边天</u>也够厉害的。""半边天"释为:"Half the sky: women of the new(equalitarian)society."机器翻译中,文心一言翻译为"wife",微软翻译为"half of the sky",Deepl翻译为"half the sky of"。

口语词汇依附社会语境时,机器翻译仍存在明显的缺限。几种机器翻译时采用了不同翻译方式,如直译、意译、增译等,但并未考虑到目标口语词汇在不同社会语境时应该承担的作用,即只有在一个完整的社会语境中才能理解该口语词汇翻译。这时,口语词汇的翻译并不准确,不能提供快速高效的翻译辅助作用。机器翻译过程中需充分考虑社会语境的特定性,例如不同社会文化背景、情境因素等方面。

3.口语词汇倚靠语气语调

语气词、叹词、拟声词较高的出现率,启发了我们在国际汉语口语教学中,不应忽视这些口语词汇。[1]这类口语词汇最能直观体现语调语气。语调是指说话时声音的高低、轻重、快慢的变化。汉语中语调分为四类,即升调、降调、平调、曲调。19世纪末,英语语法家斯威特(Sweet)认为语气是说话者为了传达特定意义

---

① 宋婧婧:《汉语口语与书面语词汇使用对比分析——基于传媒语料库》,《厦门理工学院学报》2013年第3期,第88—92页。

而采用的语言特点,并进一步细分为陈述、疑问、祈使、感叹四种基本类型;近现代以来,吕叔湘先生提到,从广义上来看,"语气"这个概念涵盖了"语意"和"语势"两个方面。其中,"语意"包括话语中的肯定与否定、确定与不确定、具体与抽象等对立关系的区分;而"语势"则关乎说话者的音量大小、语速快慢等语言表达上的变化。

"每个月就那么点儿钱,老追时髦你追得起吗?衣服够穿不就得了。""不就得了"释为:"It is a rhetorical question indicating 'Ok, all right; it's good enough'. This kind of sentence often implies that the speaker is dissatisfied or impatient." 表示"好吧,行了;够好了",通常暗示说话者感到不满意或不耐烦,语调略带降调,用陈述语气表达说话者对事物或情况的无奈与劝解。机器翻译中,文心一言翻译为"Isn't it enough";微软翻译为"can't";Deepl翻译为"just"。比较分析可以发现,后两种机器更偏向于意译,而文心一言的翻译用反问句的形式表达出一种较为准确的翻译,表现为语调上升,虽为疑问语气形式,但实际上带有抱怨和不满语气。"你?说得比唱得还好听,不定是谁伺候谁呢。"口语词汇"不定"释为:"Hard to say, hard to predict." 显示了一种自然的语言风格,说话时呈升调,用陈述语气表示说话者的一种调侃和戏谑。机器翻译中,文心一言翻译为"but who knows";微软翻译为"maybe";Deepl翻译为"it's not certain"。文心一言翻译的为升调,陈述语气;微软翻译与Deepl翻译的都为平调,陈述语气。我们可知机器翻译符合书中人物说话时的语气语调,与原书翻译的语气语调相差无几。因此,机器翻译具有明显语气语调的口语词汇时能准确传达出其背后蕴含的感情。"其实,说白了也是为了他们自己。""说白了"释为:"Speak in simple and clear words. It functions as an adverb." 用一种曲调和陈述语气来揭示其背后的真实动机或目的。三种机器都翻译为"to put it bluntly",带有升调和陈述语气,是一种更直接、坦率甚至带有一点尖锐意味的表达方式。

这样具有明显语气语调的口语词汇还有许多,例如:"老兄,我还真佩服你,你干别的都是个半瓶子醋,可跟女生打交道还真有两下子。""有两下子"释为:"Have real skill; really be something." 机器翻译中,文心一言翻译为"be good at",

微软翻译为"have two times"，Deepl 翻译为"have a knack"。"本来是想趁着放假出去轻松一下儿，好家伙，比上班还累，你说这叫什么事儿呀！"中的"好家伙"原文解释为："Gosh. It is an exclamation of surprise（in either admiration or dismay）."叹词，表示惊讶或赞叹。机器翻译中，文心一言翻译为"goodness"，微软翻译为"good guy"，Deepl 翻译为"but boy"。

机器翻译根据自然的表达需要，不仅注重了口语词汇的音韵和谐，反映到交际中听起来音节铿锵有力，而且还确保了该口语词汇能准确传达出想要表达的交际意愿和信息。因此在口语词汇倚靠语气语调时，机器翻译虽然具有一定的优势，但仍需更加关注口语词汇语气语调上的区别，不断优化和完善翻译的质量。汉语属于声调语言，英语虽未有声调，但语气语调的运用也灵活多变，更能细腻的表达说话者的态度。机器翻译需抓住口语词汇在声调上的特点，在翻译时传达说话者的语气语调。

二、口语词汇机器翻译的语用效果

语用学是研究语言使用与理解的学问，即研究发话人利用语言和外部语境表达意义的过程，也研究听话人对发话人说出的话语的解码和推理过程。[①] 语用学更注重口语交际，对口语词汇进行机器翻译时要着重对语用效果作分析。语用效果的核心在于，它不仅仅关注语言的形式，更加关注语言的功能。这包括了语言的交际功能、情感表达、社会身份构建、权力关系反映等多个层面。

1.口语词汇体现情感特征

词义是词所具有的意义，包括词汇意义、语法意义和色彩意义。口语词汇的色彩意义在语境中的变化也呈现了显著的主观性和复杂性，表示人们对

---

① 张新红、何自然：《语用翻译：语用学理论在翻译中的应用》，《现代外语》2001 年第 3 期，第 285 页、286—293 页。

事情或情况的认识、倾向和感情。①机器翻译这种色彩意义一目了然的口语词汇时,需着重于说话者的情感表达,是褒义还是贬义抑或是中性色彩的语用效果。口语词汇是情感表达最为直接、最自然的表达方式之一,人们在交流中根据情感状态选择相应的口语词汇来表达。准确运用口语词汇的情感特征,可以使说话者的语言更加生动、形象,促进双方的情感交流并理解不同文化特色,有助于更好传达说话者的情感和态度,提高沟通效果。

"要是让经理看见了,有你好看的。""有你好看的"是具有情感表达功能的口语词汇。书中解释为:"It means 'you will run into trouble'. This sentence contains the speaker's warning." 译为:它的意思是"你会遇到麻烦的"。这句话包含了说话者的警告。机器翻译中,文心一言翻译为"be in for it";微软翻译为"look good";Deepl 翻译为"be in trouble"。文心一言的翻译表示某人即将面临不愉快或困难的境地,带有强烈的负面情感和预示性。微软的翻译表示看起来不错或者表现良好,具有积极色彩。Deepl 的翻译偏向于已经发生。比较发现,机器翻译能较好地体现口语词汇中的情感特征。"这是哪儿跟哪儿啊,难道人家大老远地来中国就是为了吃?""这是哪儿跟哪儿啊"释为:"It means that something or someone's words are without reason or are unintelligible." 表示说话人觉得某事或某人说的话没有道理或莫名其妙。文心一言翻译为"What's the connection here?"微软翻译为"Where is this",Deepl 翻译为"This doesn't make any sense"。文心一言的翻译较好地捕捉到该口语词汇体现的困惑与不解,微软的翻译表示对地理位置的询问,Deepl 的翻译在情感特征上体现的贬义更为强烈。比较发现,机器翻译能较好地体现口语词汇中的情感特征。"哎,昨天看见你和老张吵得那么厉害,我真是倒吸一口凉气。这么多年我还没见过谁敢跟他吵呢。""倒吸一口凉气"释为:"Gasp in surprise or fright." 形容人非常吃惊、害怕的样子。文心一言翻译为"taken aback",微软翻译为"gasped",Deepl 翻译为"drew a breath"。文心一言的翻译不仅传达了惊讶,还隐含了因惊讶而产生的不知所措,与该口语词

---

① 葛本仪:《词义分析与逻辑》,《内蒙古民族师院学报(社会科学汉文版)》1988 年第 4 期,第 1—4 页。

汇体现的人非常吃惊、害怕的情感相符。

诸如此类体现强烈的情感特征的口语词汇还有许多,如:"我不怕他们,大不了把我开除,可是他们敢吗?""大不了"释为:"At the worst; if the worst comes to the worst (conveying a careless attitude)."表示最严重、最坏的结果是做某事,可是说话人并不在乎。文心一言翻译为"At most",微软翻译为"it's a big deal", Deepl 翻译为"At worst"。"说实话,不怎么样。""不怎么样"释为"Not very good",表示不太好、不好的含义。文心一言翻译为"it's not very good",微软翻译为"it's not good", Deepl 翻译为"not very good"。"我说你呀,可真是的,人家不要的东西,还当成个香饽饽似的往回搬。""真是的"释为:"The speaker is discontented with somebody or gently criticizes somebody."表示说话人对某人不满、批评,语意比较轻。文心一言翻译为"Honestly",微软翻译为"it's true", Deepl 翻译为"really"。

通过对多个具有显著情感特征的口语词汇机器翻译实例的分析,我们发现机器翻译在处理具有情感表达功能的口语词汇时,能很好的体现其情感特征。不同机器翻译的结果有时也不尽相同,使用者需要对结果进行对比、筛查和选择,提高机器翻译对口语词汇情感特征的识别和理解能力。

2. 口语词汇显示话语标记

口语词汇的语法意义通常聚焦于其在日常对话中的功能和作用,此外,口语词汇还具有话语标记的作用,主要关注话语的组织和交际效果,是话语交际过程中的一种明示导向标记,常用于标记话语的连贯性、传递话语互动信息,帮助交际双方顺利进行交流。口语词汇的话语标记在交流中作为语句过渡和连接的桥梁,能帮助说话者更流畅的从一个话题转移到另一个话题,或者将不同的话题串联起来,还可以用于强调某个观点或信息,以增强话语的说服力和可信度。口语词汇显示话语标记大多具有非语法性,通常不参与句子的语法结构,独立于句子之外,但对交流中话语的连贯性和流畅性起着重要作用。

"再怎么说,你也应该先跟家里商量商量啊。""再怎么说"释为:"No matter how."文心一言和微软均翻译为"Anyway", Deepl 翻译为"No matter what",几种翻译均显示了该口语词汇起到的强调和转折的话语标记功能。"此一时彼一时,也许这次就能爆出个冷门呢,他们可有大球星啊。""此一时彼一时"释为:"It means circumstances have changed with the passage of time; things are now different from what they were."意思是现在的情况跟过去不一样了,情况有了变化。文心一言翻译为"Times have changed",微软翻译为"At this time and that time",Deepl翻译为"This is a different situation"。机器翻译该口语词汇时,起到了时间对比和情境变化的话语标记功能。

典型性话语标记功能的口语词汇如"可是""不过"等,起到的转折话语标记功能较明显,而非典型性话语标记功能的口语词汇则需结合具体话语来判定所起的话语标记作用。"司机:不过这聊天也得看人,要是人家乘客不愿意聊,咱就赶紧闭上嘴,别找不自在。乘客:您开出租什么人都能碰上吧?""找不自在"释为"look for trouble; suffer from one's own action",表示自找麻烦或自讨苦吃,在交际中起到了转换话题的作用。文心一言翻译为"make them uncomfortable";微软翻译为"feel uncomfortable";Deepl翻译为"look for trouble"。其中Deepl的翻译,不仅表示了该口语词汇的意义,还能较好显示出转换话题的话语标记功能。"不出我所料,我的话音没落,家里就炸开了锅,那份热闹劲儿就别提了。""不出所料"释为"As expected",三种机器都翻译为"As I expected",显示出该口语词汇作为话题转折的标记,能够引导后续内容的发展。

口语词汇中的话语标记往往承载着丰富的交际意图,将对话各个部分紧密联系起来。机器翻译这些具有话语标记功能的口语词汇时,需要理解该口语词汇在交流中所起到的过渡与连接、停顿与填充、强调与突出等话语标记的作用,在目标语言中能准确对应这些话语标记,选择最合适的翻译方式。提升这类口语词汇的机器翻译水平,有助于更好组织语言,使言语更具逻辑性,也使交际更加有效和顺畅。

三、口语词汇机器翻译与对外汉语教学分析

语言能反映使用该语言的国家民族的文化内涵,当代翻译大家许渊冲先

生对翻译的要求就是"意似",不求"形似",最妙的是"神似"①。有些口语词汇有明显的深层含义,当口语词汇在原文与译文中具有相同的文化意义时往往使用直译法翻译,可以直接实现文化顺应;当其文化意义不同时,需要优先传递口语词汇的寓意,必要时可以通过替换或省去文化意象来顺应读者的文化背景②。在对外汉语教学过程中,翻译具有文化内涵的口语词汇,需准确了解口语词汇中隐含的民族思想、社会习俗。我们通过对比几种翻译,同时对照原书翻译,分析机器翻译在体现文化内涵方面的准确程度。

1.口语词汇隐含民族思想

汉语口语词汇不仅仅是单纯的词,有的还是词+词的组合,由此而成的口语词汇具有结构组合性和意义发散性,经由数千年的口口相传,这样的口语词汇积聚了浓厚的人文思想。机器翻译这种类型的口语词汇是对算法等领域的一大挑战。口语词汇是语言的一种表现形式,语言又是一种文化代码,语言的表达方式体现一个民族的价值观、思维方式和文化心理。口语词汇中音响印象大于视觉印象,说话者说话时隐含的民族思想通过口语词汇直接显现出来,这种隐含的映射过程往往受到民族心理、文化传统和价值观念的影响。

蕴含文化思想的口语词汇最典型的为"没面子","要是听您的,一年到头,出来进去老穿那两件,多没面子呀。""没面子"释为"lose face",这一口语词汇涉及汉民族的面子文化,体现了个人在社会交往中对尊严和声誉的重视。面子理论是指人们在交往中希望维护彼此的面子,避免伤害对方的情感和尊严。中西方文化中关于"面子"有不同的理解,投射到口语翻译中也会有不同展现。中国文化中的面子不仅体现个人的荣誉感,还代表着社会地位和声望,而西方文化中的面子主要强调个体。机器翻译中,文心一言翻译为"lose face";微软翻译为"faceless";Deepl翻译为"embarrassing"。文心一言的翻译准确传达了该词汇可能包含的因某种行为或情况而导致个人声誉或尊严受损的含义,触及"面子"理

---

① 许渊冲:《翻译的理论和实践》,《中国翻译》1984年第11期,第5—10页。
② 代勖勖:《从文化语境顺应看政治文献中口语词的翻译》,《文化创新比较研究》2019年第8期,第70—71页。

论这一核心的民族思想。"可不,一天到晚在路上跑,中午饭从来都是瞎凑合,谁舍得把辛辛苦苦挣来的<u>血汗钱</u>花在吃喝上?""血汗钱"释为"money earned by hard toil",描述金钱来之不易,体现了中国文化中的勤劳、勤俭持家的美德。中国文化一直提倡人们自力更生、社会公平公正,这都是"血汗钱"这一口语词汇背后的深刻民族思想。文心一言和微软都翻译为"hard-earned money",Deepl 翻译为"hard-earned sweat money"。前者翻译自然准确传达了辛勤劳动这种思想,后者虽然也有这一思想的体现,但"sweat money"并不是一个常见的表达,翻译时不太准确流畅。

类似的例子还有:"你这样大手大脚惯了,将来成家了可怎么办? 还不得<u>喝西北风</u>啊?""喝西北风"释为"have no food;starve",表示没有东西吃、挨饿,蕴含了中华民族尽管处于艰难贫困中也仍然展现一种乐观向上的态度,显现出一种幽默和自嘲。文心一言翻译为"left with nothing but the northwest wind to drink",微软翻译为"drink the northwest wind",Deepl 翻译为"eat the wind and the northwestern wind"。"现在你不听我的,将来可没你的<u>后悔药</u>吃,该说的我都说了,你爱听不听吧。"中的"后悔药"释为:"Medicine for remorse. Of course this kind of medicine does not exist in the world."体现了中华民族自古以来的反思与自省精神,在儒家思想中尤为明显,如"吾日三省吾身"。文心一言翻译为"regret",微软翻译为"regret medicine",Deepl 翻译为"remedy"。

通过以上机器翻译的口语词汇实例的分析可知,机器翻译这些隐含民族思想的口语词汇时可行度较高。这些口语词汇是民族思想文化的载体,通过学习这类词汇,学习者能更加直观地了解中国的价值观念和社会风貌。这类词汇往往蕴含着丰富的文化内涵和历史故事。在对外汉语教学过程中讲授这类词汇,能够激发学习者的学习兴趣,提高学习者学习的积极性。

2.口语词汇蕴含社会习俗

社会习俗是人们在长期历史发展过程中形成的相对稳定的行为规范和文化传统,对口语词汇的产生、发展和演变具有深远的影响。时代不断发展,口语词汇也随着历史进程逐渐演变。承载着深厚历史文化底蕴的口语词汇,只有置于中国社会历史文化习俗中,才能真正在对外汉语教学中被理解。机器翻译这类口语词汇时,需注意体现相关的中国文化习俗,并以现代化的表达方式呈现。

"还说呢,上次给你介绍的那个,人家对你还真有点儿意思呢,你怎么跟人家见了两面就打退堂鼓了?""打退堂鼓"释为"beat a retreat; back out"。古代官员办公结束后会击打退堂鼓,体现了古代官场的一种文化习俗。后来逐渐引申为某人由于遇到困难或者压力而产生畏惧或者退缩的心理,最终选择半途而废或放弃。机器翻译中,文心一言与Deepl都翻译为"back out",微软翻译为"retreat"。"那帮爱拍马屁的好像也吃不开了,新厂长不吃那一套。"中的"拍马屁"释为"lick somebody's boots; flatter"。马是古代官员出行的重要交通工具,下级对上级的谄媚行为可以被称为"拍马",后来逐渐演变为"拍马屁",是具有贬义色彩的口语词汇。机器翻译中,文心一言与Deepl都翻译为"flatter",微软翻译为"pat on the back"。

类似的例子还有:"红霞:'你就会给我戴高帽。其实,你也别夸我……'""戴高帽"释为"make a compliment; flatter",比喻对人说恭维话。文心一言翻译为"flattering",微软翻译为"put a top hat on me", Deepl翻译为"give me a high hat"。"绣花枕头似的,好看倒是好看,可跟那种人过日子,将来有你哭鼻子的时候。""绣花枕头"释为:"An outwardly attractive person who lacks ability and intelligence."指的是外表好看但没有能力、没有学问的人。三种机器均翻译为"embroidered pillow"。"有你这句话就行,哪天我下岗了,我就上你那儿给你跑跑龙套,怎么样?""跑龙套"释为:"Play an insignificant role."文心一言翻译为"play a bit part",微软翻译为"run a trick", Deepl翻译为"play bit parts"。"那你这60块钱就打水漂儿了?""打水漂儿"释为:"Spend much money and get nothing in return."表示钱白花了,什么也没得到,或者钱回不来了。文心一言与微软均翻译为"wasted", Deepl翻译为"going down the drain"。

对外汉语教学不仅传授语言知识,更是文化教育。在对外汉语教学中,对于这类社会习俗方面的口语词汇,教师需要深入挖掘词汇背后的文化知识,结合当代社会生活和文化习俗,让学习者了解其演变的过程。并通过对比不同文化,使学习者加深对蕴含社会习俗的口语词汇的认识,感受中国的文化魅力。对外汉语教学不仅传授语言知识,更是文化教育。在对外汉语教学中,对于这类蕴含社会习俗的口语词汇,教师需要深入挖掘词汇背后的文化知识,结合当代社会生活和历史文化习俗,让学习者了解其演变的过程。并通过对比不同文化,使学习者加深对蕴含社会习俗的口语词汇的认识,感受中国的文化魅力。

四、结语

人工智能在口语词汇的翻译过程中展现了一定的优势与潜力,但同时也显现了一些亟待解决的问题。通过对口语词汇在不同语境下翻译效果进行细致分析,我们发现其翻译质量仍有较大提升空间。然而值得肯定的是,在语用效果的翻译上,尤其是在处理情感特征和话语标记方面,机器翻译的结果令人备受鼓舞。我们将人工智能应用于对外汉语口语词汇教学中,通过对比分析隐含民族思想和社会习俗的口语词汇,我们发现其在教学辅助方面的价值同样不可忽视。因此,尽管人工智能在口语词汇翻译领域仍存在不足之处,但其在教学实践中的积极作用不可忽视。作为对外汉语教师,应当拥抱这一技术变革,合理利用人工智能工具,助力学习者跨越语言障碍。

作者单位:安徽大学文学院

编后记

现在大家看到的是《江淮语言学》第二辑。本辑的作者和编辑的校对工作已近尾声,在这里附带讲几句话。

时代在飞速前进,如今人工智能(AI)技术的发展可谓惊人,尤其在自然语言处理、计算机视觉和深度学习等领域,成就斐然。社会上又出现了对"文科"各专业是否将被淘汰的担忧。回望历史长河,有古埃及、古巴比伦、古印度和中国四大文明古国,中国是唯一文明没有中断的国家。虽然近代百年中国经历过屈辱、苦难和落后,让国人有些不够自信;但五千年的中华创造过许多灿烂辉煌,中国在不少时代都是世界文明的中心,我们应该继承祖先的文化自信。当今中国比任何时候更接近中华民族的伟大复兴,正处在百年来世界未有之大变局,我们作为语言文字工作者,要大力弘扬中华语言文字优秀传统,从中吸取力量,结合先进的科技手段,坚持有原始创新的研究,不被时代抛弃。

在这一辑里,共收录了14篇论文,大致分为训诂、音韵、语法三个板块。研究汉语史离不开对原始古籍文献的爬梳,论文或从敦煌卷子、佛经、戏曲文献和音韵文献入手,或从中亚汉文文献、朝鲜半岛汉文文献出发,研究材料丰富。有的是对音韵文献具体细致的考订,有的是对汉语形音义关系的探讨,有的是对方俗词语的考证。现代汉语语法的研究方面,有的论文细致阐述了词汇化与构词法、语法化、习语化、构式化的关系,也有的论文是对具体构式等的微观研讨。此外,论文还涉及人工智能背景下口语词汇的机器翻译与对外汉语教学研究。

这里要特别感谢黄征教授为本书题写书名。去年黄征先生应邀主持安徽大学文学院汉语言文字学专业的博、硕士学位论文答辩。答辩之余,他欣然提笔，为本书题签，在此敬表谢意。

感谢各位作者的大力支持，也感谢田立宝老师、王浩宇老师认真负责、勤勤恳恳的编校工作。

曾　良

2025 年 4 月 18 日

于安徽大学语言学与汉语史研究中心